Seadove

Seadove

Seadove

Seadove

暢銷經典

我就是要教你詐

Read Me &
You will Become Powerful

你要永遠記得兩件事

在這世界上，
「道理」絕對不是解決問題的唯一方法，
而且，在這世上，
很少有那麼聰明的人，
能夠只聽取有益的「責備」，
而捨棄不忠的「稱讚」。

陳意平/著

「他們說」這三個字裡，有一半是謊言！

序——意料中的偶然

「偶然」是可以特地去製造出來的。

這是一部經典愛情電影的情節：

畫面是一位美麗的小姐坐在一列移動中的火車上，一位男士出現了，他環顧車內，發現那位美麗的女主角，就大步走了過來。

「這是空位嗎？」

「是的！」

「那麼……」說著，就把行李放下來。

女主角看看四周都是空位，抬起頭來看著那位男士，此時這位男士說：

「我一直在尋找這個座位，因為它是我抓住幸福的來源。」

「哦！是嗎？那就請坐吧！」

然後，女主角站起來換了座位，那位男士又死皮賴臉地跟過來，女主角十分不悅地問：

「那個座位不是你抓住幸福的來源嗎？」

「我已經抓住幸福，現在我要做的就是不讓它溜走……」

很浪漫的情節，不是嗎？你會如何利用這個故事？

例如：事先在路上等待自己喜歡的人，然後表現出像是突然相遇。

「啊，真是好巧。」

原本就是因為想要遇見她才會故意在那裡守候，遇個正著是必然的結果。然而，次日再度相遇：

「啊，真是有緣！」

第三日仍然在同一地點相遇：

「啊，真是好巧，可能是因為秋天比較浪漫吧！所以很容易產生巧合。」浪漫為什麼會產生巧合？但是在那樣的情況下，怎麼說都無妨。春天百花盛開，所以是容易產生巧合的季節；夏季充滿朝氣，也是容易發生偶然的季節。

如此「偶然的」相遇之後，你可以說：

「如此浪漫的秋天，我們一起去喝咖啡吧！」

這就是我要教你的詐，你可能會說：「這不是詐，這是方法。」沒錯！我的詐就是方法——心理學的方法。

有技巧地攻擊對方的弱點或盲點，這是做人成功的基本要素，這本書不教你故意欺騙對方、欺騙金錢，或是使人們遭遇不幸，因為這是犯罪的行為。但是，我經常看到一些人有意無意使用矇騙對方心理的技巧。例如，對不用功的學生說：「你根本沒有讀書，你的人生完蛋了！」這樣的說法，只會使學生失去幹勁和活力，這是無能老師的做法。聰明的老師會說：「你如果用功讀書，成績一定會進步！」雖然這是說不準的，但是可以刺激學生的上進心，何樂而不為？

因此，我們必須在生活中使用一些技巧，說一些「善意的謊言」，如果總是正直不阿、食古不化，工作和人際關係就不會順利。同樣的意思，如果你說：「你現在越來越穩重！」對方聽了會眉飛色舞，但是如果說：「你現在變得很胖！」對方就會十分生氣。這類正直不阿的人，我們稱為「愚直的好人」。

如果你被別人封上這個外號，就要看看這本書。因為，一個有良好人際關係的人，他說的話，不會招致對方的反感和怨恨，還會左右逢源、無往不利。

目錄

閃亮的東西，並不都是金子；動聽的語言，並不都是好話。

——莎士比亞（英國文學家）

第二話

說謊雖然可恥，但是如果吐露真實足以毀身的時候，說謊還是可以被原諒的。

——索福克勒斯（希臘哲學家）

第三話

「他們說」這三個字裡，有一半是謊言。

——富勒（英國哲學家）

Read Me &
You will Become Powerful

第四話

關於奉承，古冊經典不知道告誡我們多少遍，然而總是沒有用。拍馬屁的人，總會在我們的心裡找到位置。

——克雷洛夫（俄國文學家）

第五話

如果他真的相信美德與邪惡之間沒有分別，在他離開以後，我們應該要清點一下餐具。

——約翰生（英國文學家）

第六話

很少有那麼聰明的人，可以只聽取有益的「責備」而捨棄不忠的「稱讚」。

——羅修夫柯（法國哲學家）

15

第一話

閃亮的東西，並不都是金子；動聽的語言，並不都是好話。

——莎士比亞（英國文學家）

找出彼此的共同點

「聯合次要敵人，打擊主要敵人！」

有一句話說：「不打不相識。」有兩家比鄰而居、競爭激烈的超級商店的老闆，在餐廳互相照面。雖然彼此經常見面，但是私底下展開激烈競爭，雖然只是互相看著對方，二人之中卻孕育一種詭異的氣氛。

此時，餐廳的電視上正在播放職業球賽，因此兩人的距離縮短了，一邊是忠實的獅隊球迷，另一邊是狂熱的象隊球迷，交談之後，兩個原本互相敵對的人，最後竟然聊起棒球。這個理由非常簡單，因為「兩人都不喜歡鯨隊」，使得兩人找到共同點，進而使得敵對的雙方有聯手的基礎。

「聯合次要敵人，打擊主要敵人」，這種事情經常發生。例如：韓國的飛機被蘇聯軍機擊落，日本政府採取敏捷的情報處理，得到美國和韓國很高的評價。當時，美國和韓國對日本的觀感不佳，因為美日之間的經濟衝突，韓國曾經受到日本統治……但是使這些緊張緩和下來的原因是：出現蘇聯這個共同的「敵人」。再舉一個例子：在第二次世界大戰中，原本敵對的蘇聯和美國因為把日本當作共同的敵人而聯手，最後獲得勝利。

某人住在一個社區，經常被鄰居的鋼琴聲和狗叫聲吵醒，生活苦不堪言。直接去抱怨，或許是一個不錯的方法，但是每天都會見面，這樣一來，鄰居的往來就會產生隔閡，因此心生一計，找出共同的敵人：把那個彈鋼琴的人拉攏過來，共同打擊主要的敵人——養狗的那戶人家。

因為狗叫聲對他的威脅大於鋼琴聲，因此他們聯手共同向那個養狗的人抗議之後，狗的主人就會處理這個問題，彈鋼琴的那個人也會自覺到鋼琴聲會影響到鄰居的作息，主動調整彈鋼琴的時間。

設法擁有共同的經驗

人與人之間，如果擁有共同的經驗或秘密，就可以加強彼此之間的關係，或是強化彼此親密的程度。

我有一個朋友，她與丈夫的交往過程是這樣的——他在與我這個朋友結婚之前，一直無法獲得她的芳心，直到有一天，他們在駕車回家的路上，發生一場車禍，幸好只是輕傷而已。之後，因為互相關心對方的傷勢，重複每天的約會，最後修成正果。「車禍」這種不甚愉快的共同體驗，就是促使兩人感情急速增溫的催化劑。

這是比較溫馨的例子，如果故意引誘對方犯錯，也可以把對方玩弄於股掌之間。例如：

在辦公室中，故意掩蓋女同事的錯誤；考試的時候，悄悄地傳遞紙條給同學。由於已經把對方誘入這種行為中，因此成為兩人之間不可告人的共同體驗。

正如「坐在同一條船上」這句話所說的一樣，共同的體驗越是特別，越可以讓當事人擁有共同意識，例如：「戰友」這句話，對於生長在戰亂時代的人而言，會有別人無法體會的特別意義。這種在戰場上與敵人以命相搏、同袍之間互相扶持和照顧的經驗，一輩子永難忘懷。

只要擁有互相共有的體驗，人們就會產生「可以相信你」的情緒，善加利用這種心理傾向，或許可以將毫無關係的陌生人變成朋友。

以小搏大的人際關係

與其在有事相託的時候送禮，不如在還沒有請求的時候送禮，更可以讓對方喜悅。

我認識一家公司的老闆，待人處事相當有一套。他對於有生意往來的公司主管的接待無懈可擊，但是他和別人最大的不同在於——不僅接待主管，也會接待年輕的新進員工。但是他並非所有員工都會接待，而是事先調查其在公司的評價和學歷、背景關係、工作能力，認為將來有可能獨當一面才會接待。

如果某個員工升職，這個老闆會立刻熱情祝賀，然後為了慶祝，把他帶到高級的消費場所，由於他從未去過這種地方，因此對這個老闆的厚愛非常吃驚，尤其是在自己對重大決策方面沒有任何決定權，彼此沒有利害關係存在的情況下。這個老闆為了消除對方的疑慮，就說：「由於與貴公司的往來非常密切，我只是想要以這種方法來報答貴公司優秀的員工。」如此一來，被這個老闆厚待的員工，如果以後晉升為經理，應該不會忘記這個老闆的抬愛。

禮尚往來，如果彼此之間具有利害關係，企圖就會顯而易見。與其在有事相託的時候送禮，不如在還沒有請求的時候送禮，更可以讓對方喜悅。對剛上任的經理送上賀禮，只會被認為理所當然，但是送禮給調到其他部門的主管，收禮的人會更加受用。

有一個經理，他退休的時候，禮物和賀卡比之前減少五分之四以上，過年也沒有客人，一個人過著寂寞的年……突然，手上帶著禮物的部屬來了，在這種情況下，他會感受到這個部屬的濃情厚意。後來，這個經理又回到公司擔任顧問，立刻重用這個部屬。所以，利害關係不存在的贈送和接待，更可以帶給對方驚喜，而且永誌難忘。

沉默可以成金

在對方保持沉默而無法獲得訊息的情況下，自己只能隨便猜測。

有一家公司，一直無法解決勞資糾紛，但是新任董事長上任以後，情況突然改觀。有人問他是使用什麼秘訣，他說自己什麼也沒有做，只是保持沉默而已。由於這家公司的員工情緒過於激烈，公司進行交涉也無法平息下來，前任董事長在交涉無效下黯然退位，新任董事長只是等待工會來交涉。但是他竟然一言不發，幾個小時過去了也不開口，即使工會人員苦苦相逼，他還是保持沉默。

經過一天的對立之後，工會的員工終於決定解散。後來的不斷交涉，他還是保持沉默。

有一些員工說：「不知道董事長在想什麼，一定是在想什麼詭異的方法。」最後，由勞工方面提出妥協，結束抗爭。

這個董事長深諳沉默的真理。沉默會使對方的不安增加，逐漸陷入作繭自縛中。沉默可以阻絕人們的訊息來源，在訊息不確定和訊息中斷的情況下，人們會產生焦慮不安的情緒。例如：在空難事件中，家屬如果沒有獲得從現場傳回來的消息，就會陷入狂亂中。同樣的，在對方保持沉默而無法獲得訊息的情況下，自己只能隨便猜測。這種猜測有其限度，不久就會匯集為不安全感，最後導致「認輸」的局面。

有豐富經驗的房地產推銷員，有時候也會使用這種沉默的心理戰術。例如：接待客人參觀房子以後，在回家的路上，絕口不提房子的事情。如果推銷員主動提出「看過房子以後，你覺得如何」，就會讓客人有所考慮，但是如果保持沉默，就會讓客人變得不安——「奇怪，他為什麼不向我推銷？難道是看不起我？」然後想像一些奇怪的問題。「關於那件事情……」客人開口的時候，推銷員再接著回答。如果做到這種地步，就是把主動權完全交給推銷員。

承認對方的疑問

自己的疑問被肯定的時候，就會產生安全感，同時由於被肯定，就會對那個人產生好感，因此失去正常的判斷力。

對於推銷員的話，人們往往採取不信任的態度，可是許多人還是聽信他們的花言巧語，買下劣質產品而抱怨連連。這是為什麼?從一個朋友的口中，我終於得到答案。

這個朋友告訴我，這些推銷員絕對不會強調自己的產品非常完美。因為宣揚自己公司產品的優點，顧客如果追根究底，推銷員就要給出一個可以讓人接受的答案，如果結結巴巴地說明，只會增加顧客的不信任感。尤其是劣質產品的推銷員，更不會採用這種方式。即使顧客表情不善，口中不斷提出疑問，他們只會說：

「你的疑問也是有道理，但還是試用看看吧！」

於是，顧客順理成章地買下劣質產品。或許有人會認為，怎麼可能被這種幼稚的手法欺騙，但是這種方法卻是充分掌握心理學的欺騙手法。

由於推銷員這樣說，人們自己的疑問被肯定，就會產生安全感，同時由於被肯定，就會對推銷員產生好感，因此失去正常的判斷力，甚至認定「對方已經承認某些缺點，怎麼可能還會騙人？」這種心理的漏洞，就是這些推銷員看準的地方。

如果可以善加利用這種反向的說話方式，在看起來好像會讓對方產生不信任感的情況下，有時候可以讓對方產生好感而接受自己的想法。

說話的方式或許有很多，但是目的只有一個——讓別人瞭解自己的想法，並且認同自己的見解。前述反向的說話方式，在於讓別人瞭解自己的誠意，並且接受自己的要求。所以，在適度的範圍內搭配這種反向的說話方式，或許可以為自己的處境帶來意想不到的結果。

謙虛幫助你獲得更多

如果可以在公司的主管中贏得「這個傢伙雖然有實力，但是很謙虛」的評語，主管就會更重視你。

對於上班族而言，如何在公司力求表現，是一件重要的事情，但是表現方法可能會因為不適當而讓人產生「自大感」。如果可以在公司的主管中贏得「這個傢伙雖然有實力，但是很謙虛」的評語，主管就會更重視你。但是如果是真的謙虛，就不會在主管面前故意表現自己，因此如何將自己自然地推銷出去，是一種非常重要的能力。

有人曾經說：「推銷自己的方法，就是坦然接受不喜歡的工作。」例如：主管要把你調到偏遠的分公司，或是要你到其他部門工作，立刻接受是非常重要的。相反的，如果要把你調到其他員工喜歡去的地方，可以試著拒絕。或許主管會非常生氣，但是不久之後，就會認為「你跟其他人不同」，他再提出調職要求，此時你回答「願意」，與剛開始回答「願意」，在程度上有很大差別。

人類是一種非常奇怪的動物，別人越是逼迫我們，我們的心理就會越反抗，故意要和他們唱反調。就像在前例中，主管要求部屬到分公司，部屬如果抗拒，主管就會堅持調職。如果可以善用這種方法，就可以在團體中提高自己的姿態。

每個人都會讓自己往上爬，如果出乎意料地拒絕高薪，就會得到意想不到的評價。最重要的一點是——懂得適時拒絕。

「我不要做那件事情」，如果這樣說話，可能會使別人厭惡。「我的能力還沒有到達那個程度」，這樣謙虛的拒絕是最好的。接受別人的請求或許很困難，但是拒絕別人的請求還可以讓別人稱讚更是難上加難，有心的讀者可以多想想。

公而忘私？

把私人的利益，用整體利益的觀點加以模糊。

職業棒球投手麥可，是一個薪水很高的球員，但是每年還會要求球團給自己加薪。這一年，球團對於要求加薪的麥可，採取不妥協的對立姿態。當時，麥可的論點非常有趣——「我不是為了個人利益而要求加薪，而是為了提高職業棒球投手的程度，才會這樣堅持……」

每個人都希望自己的薪水越多越好，即使只是微幅調薪，也會努力爭取，這是理所當然的事情。我想要說的是——麥可沒有公開表示這種私人欲望，相反的，他把薪水這種私人問題，用整體利益的觀點加以模糊。

在人類的心理深處，會崇尚「因公忘私」這種美德。作戰的時候，「為了國家的生存」，許多人奔赴戰場；「為了公司的生存」，許多員工默默付出。這種口號式的無形重擔，緊緊地壓在每個人身上，認為「大我」才是真正存在的，「小我」的犧牲被視為理所當然。

許多商業上的公益廣告，也是以這種訴求來拉攏消費者，其實背後隱藏的是——「請注意我們的產品」。但是，我們看到類似「關心老弱婦孺」或是「為社會盡一份心力」這種強調社會公益的商業廣告，不會認為它們是商業，而是感覺它們是一種社會服務活動。

如果我是一家化妝品公司的老闆，會灌輸自己的員工這種觀念：「我們公司賣的化妝品，不只是為了賺錢而已，因為我們的化妝品除了可以美化每個人之外，還可以讓他們在使用之後，身體和心靈得到更多的滿足。」類似這樣的話語，在商業目的之外賦以社會意義的外衣，使商品行銷獲得更多認同，並且達到刺激消費的目的。

坦白帶給你好處

越是掩飾，越容易欲蓋彌彰，如果坦白招供，反而不容易被識破。

如果有一天下班回家，被妻子發現襯衫上的長髮，你會怎樣回答？「啊，這是……」這樣慌慌張張的答話，其實是不打自招。「或許是在公車上沾到的」，這樣裝作不知情的樣子，妻子也不會那麼容易善罷甘休。

如果你的回答是：「沒有辦法，誰叫我有人緣，每個人都喜歡我」，丈夫這樣坦白地說出來，妻子不會輕易相信，反而會認為：「我的丈夫應該不會在外面拈花惹草」——這是從某個朋友那裡聽來的真實故事，聽說似乎效果不錯。

事實上，這是有心理根據的，因為人們會認為不可能有人會說自己的壞話，聽到對方說出對自己不利的話，就會產生「怎麼可能」的心理反應。因此，丈夫如果說：「我在外面拈花惹草」，妻子就會想：「怎麼可能……大概是在公車上沾到的？」甚至為丈夫尋找理由。

我們經常會認為，對方不會說出對自己不利或是貶低自己的話。假設某人買了一間豪宅，卻說：「全部是借錢買的，我每天吃泡麵過日子！」類似這種話，任何人聽了都會覺得對方是在說謊，有些人會認為：「誰知道他說的是真話還是假話」、「即使是向銀行貸款，頭期款也很嚇人」，因此對他十分羨慕，不相信「每天吃泡麵過日子」的事實。

騙子想要向對方騙取錢財，會坐「賓士」到對方那裡，然後向對方提出借錢要求：「我已經負債累累，付不出汽車的油錢，所以……」對方會認為：「如果真的欠債，應該不會說出來，而且坐不起『賓士』吧？」因此有可能把錢借給他。

越是掩飾，越容易欲蓋彌彰，如果坦白招供，反而不容易被識破。

假裝自己是上流人士

你很容易怯場緊張，或是與人交涉無法進展的時候，可以利用這種上流權威做後盾，讓自己看起來像上流人士。

在許多餐廳或飯店中，經常是騙子最常出現的場所。他們事先會詳細調查要下手的飯店結構或是餐廳菜單，以便給他們要下手的對象一種自己好像是此地常客的印象。即使有高度警覺心的人，也可能會因為騙子說的「廁所在轉角那邊」、「這家餐廳的生蠔最新鮮」幾句話而深信不疑。於是，不知不覺落入騙子的圈套，進而造成許多損失。

這種欺騙的手法，就是利用人類「追求上層」的心理。你很容易怯場緊張，或是與人交涉無法進展的時候，可以利用這種上流權威做後盾，讓自己看起來像上流人士。例如：第一次與心儀的女孩吃飯，選擇的餐廳或飯店越高級，對方越會對你的生活水準產生羨慕心理，或許會覺得，面前請我吃飯的這個人，就是今後人生依靠的對象。也就是說，原先的緊張心情一掃而空，把你當作值得信任的人。

假裝自己是上流人士，就像剛才的騙子一樣，做好事先調查是最穩當的。

但是，即使是初次光臨的場所，要裝成老主顧也不困難。在高級的餐廳或飯店，大多數的員工都有名牌，我們可以在進門的時候迅速瞄過名牌，然後說：「某某先生服務態度很好」、「某某先生，謝謝你的招待」。我想，應該不會有員工會說「我不認識你」這種話吧！

讓自己像是一個大忙人

在工作時間中，即使沒有什麼事情做，也要故意到處打電話，讓人們產生某人努力工作的錯覺。

你和幾個朋友在餐廳吃飯的時候，其中一個人頻頻接到電話，每隔一段時間就有「某某先生，你的電話」，他卻帶著好像有些不高興的表情接聽電話。看到這種情況，一定有許多人這麼想：「這個人到底是在做什麼事業？」

事實上真的是這樣嗎？我的看法或許有些不同：在和朋友聚會的場合，經常有電話找的人，應該不會是什麼了不起的人物。如果真的是日理萬機的大人物，應該會有一些人幫他處理許多事務，除非情況特殊，否則重要的事情應該是以口頭交代，而且所謂的大人物，也不會因為私事而中途離席，破壞同桌朋友的興致。

許多人認為，如果某人經常有電話，會被認為是「交遊廣闊」或是「大忙人」，在辦公室也是類似的情形。這類電話即使是私事，也容易使人們覺得是與工作有關。利用這種假裝忙碌的技巧，在工作時間中，即使沒有什麼事情做，也要故意到處打電話，讓人們產生某人努力工作的錯覺。

對於演藝人員來說，更有假裝忙碌的必要。這種「工作時間的長短，等於受歡迎的程度」的職業，必須藉由不停地忙碌以讓歌迷、影迷、媒體感覺「走紅」的印象。在雜誌或電視上，經常可以看到演員或歌星在機場接受採訪，或是在車內用餐的樣子，與其說是因為忙碌，不如說是他們對於故作忙碌狀的內涵有更深的體認！

最近這幾年，行動電話非常流行，經常可以看到有人在公車上打電話。這種電話似乎可以讓人感覺其身分地位，也是一種很好的「故作忙碌狀」的工具。

讓自己充滿抱負

談論抱負的人，會給人們一種勇於面對人生挑戰的印象，令人感到偉大而精力充沛。

我有一個朋友，剛進公司就不停說著：「我將來要成為經理」，雖然到現在還沒有成為經理，但是同事之間對他的評語是：「很有上進心」，主管也認同他的企圖心，對他特別重視。

以這個例子來說，他是不是真的想要成為經理，我們無從得知，但是這種談論抱負的人，會給人們一種勇於面對人生挑戰的印象，令人感到偉大而精力充沛。當然，這個抱負並非越大越好，如果被人認為好高鶩遠、不腳踏實地，只會淪為吹牛。而且，如果不付諸行動，大概誰也不會相信，行為和言語應該密切配合。

想要使自己看起來很有抱負，最有效的方法就是讓人以為你擁有很大的潛能。例如：「我要成立一家屬於自己的公司，而且一定要實現這個願望。」這種話經常掛在嘴邊，即使當初認為「怎麼可能」的人，也會因為經常聽到，認為他有可能做到。

這個方法最重要的是：不要談論過去和現在，而是談論未來。如果談論過去，會讓人認為「只提當年勇」。談論現在也是一樣，真話或假話立刻可以分辨，如果與事實有差距，會落得誇張不實而成為吹牛專家的淒慘下場。如果談論未來，即使是稍微信口開河，別人也無法提出異議，許多人就會因此而看重你，認為你是一個了不起的人物。

越是禁止，越多人想看

人類有一種越是被禁止怎麼樣、越是想要怎麼樣的「反抗心理」，被限制的程度越強烈，反抗的欲望就會越大。

如果在牆上挖一個小洞，然後裝上針孔攝影機，旁邊再貼上「請勿偷看」的牌子，結果你會發現，許多經過的人都會往洞裡偷望。人類有一種越是被禁止怎麼樣、越是想要怎麼樣的「反抗心理」，被限制的程度越強烈，反抗的欲望就會越大。

例如：限制級電影因為有「未滿十八歲不得觀賞」的限制，未成年的人就會產生想要觀賞的欲望；喝酒和抽菸也被設定限制條件，因此高中生或是國中生才會偷偷喝酒和抽菸。與其說是真的想要喝酒和抽菸，不如說是為了滿足打破禁令而產生的快感，或是單純地想要向同學炫耀！

如果可以善用這種反抗心理，或許可以為自己建立口碑，獲得許多人的讚美。例如：洛杉磯有一家餐廳，老闆在客人很多的時候，會請已經用餐很久的客人打包帶走，以便後面排隊的客人可以盡快有座位。或許很多人無法認同這種做法，生氣的客人也不少，但是似乎不會因為這樣而使客人減少，反而增加許多客人，同時建立口碑——那家餐廳的料理真是好吃，幾乎每天都客滿。或許老闆不知道這種心理運用的方法，只是想要讓所有客人都可以吃到，但是誤打誤撞地抓住客人的心理。

如何引起別人注意？

人類的心理真是複雜，在這個資訊氾濫的現代社會中，正因為是資訊氾濫，因此對於只有自己不知道的事情，更會感到強烈的不安。

也許是受到流行的影響，許多雜誌走向「輕巧」、「生活化」的路線，從為數眾多的雜誌中脫穎而出，成為暢銷的雜誌。

雜誌要賣得好，憑藉的理由有很多，但是如果只依靠內容和其他雜誌相比，似乎也不見得特別好，那種只要看到「主題」就可以讓人發現許多意外的雜誌，反而比較有暢銷的條件。

舉例來說：「只要有這個方法，就一定可以成功」、「這個方法讓你與眾不同」、「這個方法讓你迅速學會英文」、「××人士的成功之道」。根據以上的例子，我們可以知道使用許多「這個」、「那個」。

類似這樣的用語，經常是在被限定的場合和根據具體的事實描述而被使用的語詞，因此讀者才會看到使用許多這類的主題以後，認為其中必定寫滿許多有用的資訊。即使是已經知道的訊息，也會害怕還有自己不知道的事情而產生不安全感，最後也會買下這本雜誌。

人類的心理真是複雜，在這個資訊氾濫的現代社會中，正因為是資訊氾濫，因此對於只有自己不知道的事情，更會感到強烈的不安。如果可以巧妙使用這種方法，讓人們把不重要的事情當作重要的事情，就會易如反掌。

讓人感覺佔到便宜

把多付的錢收回來，卻讓人覺得「賺到了」，好像收到不應該收的錢一般地高興，這是因為「付出的錢，就不是自己的」的心理因素。

某公司由於電腦作帳的錯誤，連續三個月多付給員工薪水，而後決定三個月多領的部分，按照比例按月歸還。這種情況下，歸還多拿的錢是理所當然的事情，但是有許多員工覺得好像吃虧了。這是因為，即使本來不是自己的錢，但是進入自己的口袋，就會認為這些錢本來就是自己的。因此，要求員工歸還這些錢，就會形成好像損失什麼的心理。

現在很流行的信用卡，或許可以當作同一件事情來說明。許多人在刷卡的時候不自覺，但是在還錢的時候拖延，這是因為「借來的錢，好像是自己的」。在報稅的季節中，上班族每個月從薪水中預先扣除一部分支付稅金，如果多付了，國稅局就會退稅。只要有這些退回來的錢，即使再少，大多數人也會覺得好像得到什麼利益，但是事實上這些錢都是自己之前已經付了。

把多付的錢收回來，這是天經地義的事情，卻讓人覺得「賺到了」，好像收到不應該收的錢一般地高興，這是因為「付出的錢，就不是自己的」的心理因素。

如果巧妙運用這種「付出的錢再收回來，雖然沒有實質利益，但是讓人感到受益」的心理，就會產生以這種手段吸引消費者的商業手法。為了招攬客人而打折，是許多商家的做法，但是有一家超級市場雖然也是打折，卻採取不同的方法：推出八折優待的時候，商品標價故意不打折，而是依照原價標示。客人在收銀處依照原價付款，再拿著收據到服務台，取回收據的二成金額。利用退還現金的方法，雖然都是八折，但是感覺上好像得到更多利益，滿心歡喜地願意再度光臨。

心理上的差別感受

做生意的秘訣在於——讓消費者在消費的時候，獲得更多「心理上」的滿足。

在電視廣告中，經常可以看到許多促銷手法，有附加贈品，也有打折競價，但是什麼方法可以給消費者更多滿足感？或許有些人會認為價格上的折扣有實質的好處，但是一般而言，人類的心理是在買東西的時候，如果再加上一些贈品之類的東西，比較容易獲得買到便宜貨的滿足感。

在以前還是賣方市場的時代，或許只要便宜幾塊錢，就可以使消費者感到心滿意足。但是，現在是買方市場，「不二價」這句話形同天方夜譚，小折扣已經無法讓消費者動心。如果從消費者的心理上看，以六百元買到原價一千元的商品，他不會覺得賺了四百元，而是認為這個商品的真正價值只有六百元。

換一個角度，如果購買一千元的商品，再附加價值四百元的贈品，就會產生「買到價值一千元的商品，又獲得四百元的商品」的錯覺，但是對商家來說，這兩種方法沒有任何差異。

生意人運用這種消費者心理，例如在市場買菜，老闆會說：「買我的菜，送蔥或是大蒜給你！」消費者就會感覺得到好處。百貨公司的服裝店，也經常使用這種方法，例如：買一套西裝就送一條領帶，目的就是為了要招攬客人。

再舉一個例子：許多飯店都標榜住宿免費送早餐或是機場接送等優惠，在這種情況下，你認為自己撿到便宜嗎？事實上，這是他們的促銷手法，讓消費者在消費的時候，獲得更多「心理上」的滿足。但是有一句話也是真理，它是這樣說的：「殺頭的生意有人做，賠錢的生意沒人做」，請各位讀者謹記。

物以稀為貴

人們都有「如果東西是有限的，不買就會吃虧」的心理。

我們經常可以在電視和報紙廣告中，看到類似以下這樣的促銷手法：「半價優待，只剩三天」、「只有三十個名額」、「限時搶購一個小時，下午兩點開始」，在時間或數量上附加「限制條件」的宣傳方法，是非常高明的促銷手法。

幾年前，我曾經出國旅行。在港口，有人在賣便宜的鹹魚，有一個隨行的友人買了二十包，打算在回程的路上賣。可是，不管他如何招攬，一條魚也沒有賣出去。

看著他面對這些魚，心裡難免有些同情，因為不忍心看他那麼煩惱，我自告奮勇，大聲地喊著：「快來買便宜的鹹魚，只剩下這些，價格便宜！已經所剩不多，快來買吧！」我的話還沒有說完，就有許多人想要買鹹魚，很快全部賣完了。「只剩下這些」這句話的效果竟然這麼大，我也感到很訝異。

這種方法可以奏效，最大的原因在於「如果東西是有限的，不買就會吃虧」的心理。如果東西很多，隨時都可以得到，人們不會覺得稀奇，但是如果東西有限，就會給人們更多滿足。這就是把這種心理挑起以後，讓人們無論如何也要把東西買到手的例子。

孩子也是這樣，剛開始不想要餅乾的孩子，只要旁邊有其他孩子想要，就會突然變得想要。可見，這種心理傾向是人類共同的天性，而且從小就可以看得出來。

先入為主的觀念

人們有一種「事先為自己的舉動尋找合理藉口」的傾向，只要有可以被自己接受的理由，無論是多麼不合理的行動也會去做。

有一句話說：「便宜沒好貨。」許多人從經驗中得知，便宜的商品中一定有某種缺陷，如果因為貪圖「便宜」而搶購，很可能會遭受損失。但是，如果商品是因為「缺陷」以外的理由而賣得便宜，人們很容易爭相搶購。

如果有人以「結束營業」的理由進行拍賣，不會讓人把便宜與劣質產品聯想在一起，而是容易想成：「原本是品質優良的商品，但是因為結束營業的緣故，所以不得不賤賣。」結束營業和品質優良與否完全沒有關係，但是至少，與其說他們只是為了便宜，不如說是因為「結束營業」這個理由，引起他們購買的動機。

形成這種心態的原因，是人們有一種「事先為自己的舉動尋找合理藉口」的傾向，只要有可以被自己接受的理由，無論是多麼不合理的行動也會去做。只要想想「我們走在路上的時候，如果被警察叫住，為什麼會立刻停下來」，就會明白了。如果是陌生人叫我們，或許可以無視其存在；如果是警察叫我們，就會找出「警察盤問路人，是他們的職責」的理由。因此，結束營業的拍賣也是，如果不是庫存產品，只是普通的劣質產品，但是對於已經找出購買理由的人們而言，已經沒有任何區別。

有一個實驗：某家餅乾公司把同樣的餅乾分成兩盤，讓人們試吃。其中一盤，附註「上等精選麵粉精心調配製成」的說明，另一盤不加以任何說明。結果，受測的絕大多數人回答「附上說明的餅乾比較好吃」。這樣一來，事先被加上好吃的理由，感覺也會變得混淆。

人類的盲從心理

「排隊」這個動作，可以看到人類「盲從心理」的最大表現。

有一個人在街上走，看到前面有一排隊伍，心想「一定有什麼好事」就跟著排隊。不久，後面又來一個人，於是隊伍越來越長。一個小時以後，最後面的人問前面的人：「為什麼要排隊？」這個人不知道，於是再問前面的人，還是不得而知，因此一直向前問去，誰也不知道為什麼要排隊，終於問到第一個人，他抬起頭來回答：「沒事，我在看螞蟻排隊。」

雖然這是一個故事，但是看到隊伍就以為有什麼好事而毫無理由地跟在後面排隊，這是人之常情。就像許多車子在路口等紅燈，如果有一輛車子闖紅燈，就會有許多車子闖紅燈，這是人類的盲從習慣使然。

人們會盲目跟從而加入眾人行動中，這種由好奇心而產生的舉動，在心理學上稱為「同步盲從」。許多餐廳老闆善於使用這種心理，也是以客人的同步盲從為基礎而發展出來的生意技巧。

這種方法就是在店裡尚未客滿的時候，就安排客人坐在靠近窗戶的位置，等到靠近窗戶的座位坐滿以後，再依序往裡面坐。此時，在外面路過的人可以清楚看到店裡好像有很多客人，進而產生「這家餐廳的料理應該不錯」的錯覺，願意走進這家餐廳。其實，每個人應該都有這種經驗，想要找一家餐廳的時候，如果看到裡面稀稀落落，沒有什麼客人，走進這家餐廳的欲望就會減少許多。這就是人類盲從的心理使然，眾人皆同。

高明的推銷方法

人們即使知道「真的便宜再買」，但是到最後，這種想法終究會被推銷員打破。對於買方而言，「堅定購物原則」的人沒有那麼多。

高明的業務員，就是懂得如何讓客戶「記住自己」的人，在簡短的會面過程中，以簡潔有力的方法來推銷自己和商品。

有一個業務員，定期安排拜訪客戶，幾次以後，認為時機成熟，就把想要賣的化妝品讓客戶試用，然後把其中幾件樣品留在客戶家裡。這樣一來，幾天以後再度拜訪的時候，應該沒有人會全部退回。而且，女人的心理總是愛漂亮的，所以如果運氣好，鄰居的太太小姐也會來訂購。留置樣品的方法，確實具有強迫推銷的效果。

這個業務員推銷方法的重點，在於讓客戶「試用」與「人情負擔」上。首先，讓客戶直接試用。僅僅是如此，客戶的敵對心理就會鬆懈一半。客戶原本認定不買的商品，透過試用而瞭解其優點，然後把這些商品放在身邊幾天，更增加心理的人情負擔。

百貨公司專櫃的店員，如果看到有人在挑選商品，就會立刻說：「請試用看看」；超級市場中的食品部經常舉辦免費試吃、試喝的活動；化妝品的試用、汽車的試乘都是這類例子。於是，曾經接觸和試用的客戶，很難什麼也不買地離開，因為在當場就感受到這些商品，而且對於服務人員也開始產生心理負擔。不管是真的想要購買或是為了減輕麻煩別人的心理負擔，許多人就會立刻購買。

看到廣告上的廉價拍賣品，但是最後卻買了非拍賣的高級品，很多人可能都有這種經驗。人們即使知道「真的便宜再買」，但是到最後，這種想法終究會被推銷員打破。對於買方而言，「堅定購物原則」的人沒有那麼多。推銷員只要抓住人們的心理以後，再加以輕輕一推，就可以做成許多生意。

借力使力

經過這種包裝，即使是二流的公司，也可以佯裝自己是一流的企業。

國際之間經常有許多大型運動會，例如：奧運。這類活動會有許多贊助廠商，希望可以透過這個機會，提高自己的知名度。

想要贊助，就要拿出一筆龐大的經費，因為舉辦這種活動，必須有大量的財源支持，如果不是大企業，可能無法贊助。同時，不只是大企業，中型企業或是小型企業也想要成為這種活動的贊助者。這種「聯合贊助」的好處在哪裡？根據廣告代理業者的說法，這對企業的形象有很大的價值。

透過電視現場轉播，公司商標就會在全國甚至全世界展現。就像耐吉或是其他品牌在運動用品上展開激烈競爭，運動場背景就會顯示企業名稱，而且在知名選手的服裝上，也會印著公司商標，企圖隨著運動員的活躍，把公司商標打進觀眾腦海裡。如此反覆之後，知名選手的形象會成為客戶的企業形象，進而成為公司的代言人。

經過這種包裝，即使是二流的公司，也可以佯裝自己是一流的企業，這種方法經常被人們使用。例如：某個名不見經傳的人在遞出名片介紹自己的時候，可能會加上一句：「我和某公司經常有生意上往來」或是「我和某個名人是好朋友」，企圖透過這些人來抬高自己的身價。如果只是為了自抬身價而吹噓，那也不傷和氣，但是如果有人想要透過這種方法使別人相信自己的能力，進而欺騙別人上當，我們就要多加注意，以免最後得不償失，損失平日的心血成果。

在名稱上做一些改變

在名稱上做一些改變，即使是同一件事情，也可以帶給人們完全不同的感覺。

日本有一座東京迪士尼樂園，自從開園以來就受到許多人喜愛，為日本賺進不少外匯，但是「東京」迪士尼樂園，其實是在千葉縣。

位置在千葉縣，卻冠上東京之名，確實有些奇怪，但是如果改成「千葉迪士尼樂園」又會怎樣？是不是覺得無法適應。不是說千葉縣不好，但是沒有「東京」的名氣大，而且聽到東京可以瞭解其大概位置，但是千葉縣則否。如果取名為「東京迪士尼樂園」，即使知道是在千葉縣，也會感覺是在東京，心理上千葉縣與東京的距離立刻被拉近。

在前述的例子中，在名稱上做一些改變，即使是同一件事情，也可以帶給人們完全不同的感覺。我們稱其為「位址效果」，雖然只是微小的改變，但是成功的效果很大。

還有一個例子，也可以說明這種現象：如果有人在新竹以外的地區看到有人賣新竹貢丸，不知究裡的人會以為是新竹生產的，買回家以後才知道原來並非如此，而是其他地方生產的，但是冠上新竹貢丸的名字。

這種方法之所以可行，是因為人們有從部分線索推論整體的思考習慣。所以，新產品推出的時候，命名的好壞，可以使默默無聞的商品變成受歡迎的熱門商品。相反的，品質優良的商品也有可能完全賣不出去，這就是商標對人類心理產生的影響。所以，商標又稱為企業的無形資產。

使對方「自己說服自己」

任何事物都有其正反兩面的說法，透過強調正面的意義，人們就會忘記其反面的意義。

對許多人來說，即溶咖啡已經成為生活的一部分，但是即溶咖啡在美國首度推出的時候，曾經有一段故事。

咖啡製造公司本來預期這種咖啡的「簡單快速」會受到消費者的歡迎，但是事與願違，銷售量一直無法提升，原因大概是「因陋就簡」給人們的印象太強烈！當時，咖啡是必須從磨豆子開始做起的飲料，現在只要加上熱水就可以沖出來，怎麼看都似乎過於簡陋。

因此，公司改變行銷策略，不再強調「簡單快速」，而是強調「可以有效利用節省下來的時間」。透過改變口號的策略，使消費者不再將焦點放在「簡單快速」上，而是將焦點放在「有效節省時間」上。尤其是家庭主婦，她們會感覺「我使用速成食品的原因，不是因為自己懶惰，而是因為可以把節省下來的時間用在家人身上。」此後，即溶咖啡的銷售量急速上升，成為每個人都可以接受的產品。

任何事物都有其正反兩面的說法：說到「自由」，另一個意思可能是「放任」；所謂的「美」，可能有「花瓶」這種負面印象。只強調即溶咖啡的省時與方便，想要完全去除其負面印象非常困難，但是如果將「簡陋」改變說法，就會變成節省時間。透過強調簡陋的反面意義，即溶咖啡緊緊抓住消費者的心。

此外，在自動化商品的銷售上，這種心理戰術也經常被使用。日本的家庭主婦曾經對「做家事偷工減料」非常反感，但是自動洗衣機和吸塵器等電器用品非常普及，也是因為強調——「不是偷懶，而是可以有效利用節省下來的時間」，正好與家庭主婦的心理不謀而合！

高價與品牌

不管品質的好壞，單純認為「高價等於高級」的思考，實在不是一種經濟的消費行為。

換季的時候，許多百貨公司會進行拍賣，產品價格會比換季以前的價格便宜二到三成，只有一家義大利進口服飾店絕對不打折。由於原本定價就比其他產品高，如果不打折，就會比其他產品貴上許多。我在想，以這種價格，到底誰會買？但是有人這樣回答：

「穿上這個品牌的服飾，表示自己是懂得流行的成功人士。在品質上，雖然其他品牌的服飾也很好，但是不知道為什麼，如果不穿這個品牌的服飾，就沒有高級感。所以，即使價格高出許多，也會有人買，可能是穿上這個品牌的服飾，就會覺得高人一等吧！」

事實上，對於穿著昂貴服飾的人而言，品質的好壞已經是次要的問題，他們具有「昂貴的東西就是高級品」的觀念，與「迷信品牌」的人是同一種類型。

在許多人的心中既然有這種「迷信」，廠商更不可能打折。打折，等於是降低自己的品牌水準，高價正是購買者「虛榮心的來源」。我想，每個人都知道這種情形，所以不能稱為「欺騙」消費者。但是無論如何，不管品質的好壞，單純認為「高價等於高級」的思考，實在不是一種經濟的消費行為。

從另一個角度思考，如果廠商為了消化庫存而折價促銷，對消費者來說，是一個很好的購買機會，但是如果降價的幅度過大，反而會使人們產生懷疑，認為這些促銷商品是否為瑕疵品？其中的尺度，廠商應該謹慎把握。

附加價值

附加的價值，有時候可能只是聲音而已。

企業在行銷產品的時候，最重要的一點是——如何告訴消費者，自己的產品與其他產品的差異性，如果有可以讓消費者引起共鳴的差異，行銷就會變得非常簡單。如果自己的產品與其他產品非常類似，後來的廠商想要刺激消費者的購買欲望，就要大費周章。

從許多廣告中可以看出，如果相同功能的產品在品質上無法看出有任何差異，就要依靠媒體來製造形象，就像我們經常看到琳瑯滿目的廣告一樣，雖然不一定是真實情況，但是有些廣告成功地攻入消費者心裡。

日本曾經有一個廣告，是關於某種胃腸藥的宣傳。所謂的「藥」，消費者要求的只是藥效，但是這個廣告只有一句話：「聽它溶於水中的聲音」，完全不說明對什麼症狀有什麼效用，只是表達它落入杯子的水中，就會發出「咻——」的聲音。

在此，我們不懷疑這種藥的效用。只是，我們不知道「咻——」的聲音和藥效之間有多少關係，許多人卻相信這種藥有效——這是一個很有趣的問題。「咻——」的聲音只可以確認已經把藥溶入水中而已。

諸如此類的廣告，充斥在我們的生活中。倒入杯中就會發出「咕嚕咕嚕」聲的啤酒，我們雖然不知道這種特性與產品品質有何關連，但是卻可以刺激我們的購買欲望。

第二話

說謊雖然可恥，但是如果吐露真實足以毀身的時候，說謊還是可以被原諒的。

——索福克勒斯（希臘哲學家）

Read Me &
You will Become Powerful

與對方穿著同樣的服裝

人們會從服裝上讀出關於那個人的各種印象，因為服裝本身，帶有自我向外表現的「內在延伸」機能。

週休二日尚未普及的時候，某公司星期六有許多年輕員工不打領帶，穿著輕便服裝來上班，好像因為星期六上班半天，下班以後可以直接出去玩。對於這種作風，許多中年的主管不表認同。但是某個週末，某主管突然脫下西裝，穿著輕便服裝來上班。從此以後，這個被當作老頑固而令人敬畏的主管，經常有員工來與其討論許多事情。

在此之前，這個主管不喜歡跟年輕員工說話，意見也很難溝通，因此他想，至少可以在服裝上拉近距離，所以決定在週末改變形象，結果一舉成功。許多年輕員工對這個主管產生同伴意識，逐漸打開自己的心扉。

事實上，服裝是一種自我表現。許多政治人物經常穿著輕便服裝，就是要讓人們產生年輕的形象。前美國總統雷根假日的時候會穿著輕便服裝，努力在人們心目中形成親切的印象，以引起人們的認同。

由此可以看出，人們會從服裝上讀出關於那個人的各種印象，因為服裝本身，帶有自我向外表現的「內在延伸」機能。

打扮就是為了展現可以讓別人欣賞的形態，因此可以正確傳達自己的個性。與對方穿著同樣的服裝，可以傳達自己與對方感覺或想法相似的訊息，並且表現自己對對方具有好感的意識。

讓我們換一個角度來看

話題對自己不利的時候，轉移話題就成為一種技巧。

在電視新聞上，經常可以看到這樣的畫面——一些被在野黨議員嚴厲質詢的政府官員，他們以不慌不忙的方式，轉移對方的話題。

「關於你說的事情，確實非常有道理，但是我們先回到問題的重心……」、「正如你所言，這是非常重要的問題，所以詳細調查以後再進行報告，在此之前……」、「如果針對這個問題，我們換一個角度來看……」

許多政府官員就是這樣轉移話題，誘導對方到有利於自己的結論。話題對自己不利的時候，轉移話題就成為一種技巧，許多政治人物都是「轉移話題」的高手。

人們在思考某個主題的時候，如果無意中被提示到另一個主題，就會在不知不覺中把注意力移向另一個主題，這種情況在越是緊張的場合越可以發揮效果。或許令人難以置信，如果是一個說話高手，在任何情況下，都可以使自己化險為夷。或許這種心理技巧很困難，但是對方語氣尖銳地逼問自己，或是對方持續追問某件事情的時候，這種方法非常有效，可以瞬間轉移對方的注意力。

例如：你的孩子吵著要玩具，如果你突然指著天空說：「啊！飛碟」，就可以轉移他的注意力，其他還有：「等一下再說」、「我們先休息一下」……此外，可以從一個主題順利轉移到其他主題的方法，例如：在談話或會議中，想要表現自己的主張，插進一句與自己主題相關的話，就可以使對方認同自己的主張。

從你的話中，讓我聯想到……

如果不要讓人有不舒服的感覺，又要自然地取得優勢，就要學會說：「從你的話中，可以發展出……」這種接續對方話題的方法。

許多人認為，在會議中發言次數比較多或是言之有物的員工，會被認為是有能力的人，但是如果可以抓住對方發言的要旨，再將其轉換為自己的意見，就可以把自己變為和對方理念相同的人。

如果某個同事在會議上滔滔不絕地發言，會議室就像他的表演場所，這個時候，你應該採取何種對策？「關於這一點，我有一些意見……」這樣太失禮也太衝動；「我有不同的看法」這樣具有挑戰性；「這個問題，下次開會再討論……」這樣突然轉移話題，很容易被視為沒有風度。這種情況下，如果不要讓人有不舒服的感覺，又要自然地取得優勢，就要學會說：「從你的話中，可以發展出……」這種接續對方話題的方法。與前一章的方法相比，這種方法更自然。

「從你的話中，讓我聯想到……」這種說話方式，由於接續對方的話題，會讓對方以為我們很尊重他，因此場面不會演變成無法控制。但是實際上，我們只是假裝注意到對方的話而已。只要在開始的時候說出這句話，然後再提出完全不同的內容。即使我們的話題完全不同，但是因為這是由之前的發言者引發出來的內容，所以對方不會動怒。

「從你的話中，讓我聯想到……」這個習慣用語，不僅可以用在對方身上，對主管也非常有效。許多企業為了提升品質和效率，都會設置員工意見箱，但是說出與主管不同的意見，不如抓住主管心理上的弱點，更容易產生效果。例如：「經理總是提到『建立公司以外的人際關係』，因此對於交際費的申請……」假裝自己的提案是由經理的話引發出來的看法。這樣一來，即使是和經理毫無關係的提案，也會讓經理產生「有某種關聯性」的錯覺，進而使他同意這個提案。

透露一些隱私

想要使人們感到親切，最好的方法是：透露一些自己的隱私。

所謂選舉，就是候選人以各種方式來贏得選民認同。為了提升候選人的知名度，傾全力討好選民，已經是民主制度的常態。怎樣的候選人才可以引起選民的青睞？關於這一點，有一個心理學家做過一個實驗。

這個心理學家在某個節目中，詳細介紹三個候選人以後，要求觀眾投票給其中一人。

第一個候選人被介紹作為政治人物應該具備的能力和學歷，第二個候選人被介紹從以前到現在的政治經歷和實際成績，第三個候選人被介紹自己的私生活，家庭幸福、不抽菸、每天運動。

結果，第三個候選人得到大多數觀眾的認同，不管他作為政治人物的能力。這是因為，這個候選人對選民而言，最讓人感到親切。

選民的投票行為標準，與其說是候選人的政見，不如說是對候選人是否可以感到親切。在這個實驗中也證明，想要使人們感到親切，最好的方法是：透露一些自己的隱私。

透露一些自己的隱私，容易得到對方的親切感。以英國王室為例：在英國，王室和民眾的關係非常親密，受歡迎的程度，當紅明星也比不上，或許是因為公開許多王室的私生活。

相反的，如果要讓自己具有神祕感，就不要透露自己的隱私。在多年以前的女性演員，會把自己的私生活蒙上一層面紗，進而挑起影迷們的幻想。但是現在，即使有人想要這麼做，也逃不過狗仔隊的追蹤！

說別人是壞人

所以，你根本不必強調自己是好人，只要強調別人是壞人，對方就會在無意識中將你區隔，並且認為你是好人。

許多人都有被自己信任或親近的人欺騙的經驗，「怎麼可能，那麼熟的人，應該不會騙我吧……」滿腹狐疑自己是否真的被騙了。

事實上，可以讓對方說出「怎麼可能」這類的話，才是欺騙可以成功的原因。在這些方法中，最具代表性的例子是——把自己徹底地區隔，對想要欺騙的對象大肆吹噓。

例如：你想要買一輛中古車，並且看中一輛車子，但是事實上，它曾經發生重大事故，卻被業務員說成好像是新車。「最近有很多業務員把泡水車當作沒有問題的車子賣給客戶，他們真的很可惡，我們一定要抵制他們。」這個業務員就是這樣說的。

聽到這些話之後，大多數人會同情那些被騙的人，也會因為自己沒有被騙而沾沾自喜。所以，最後才會後悔地說：「怎麼可能？那個業務員竟然……」

容易受騙的人，都是具有同情心的人，而且善惡觀念比較單純。但是，這裡有一個重點：這些人因為善惡觀念比較單純，因此直覺地認為會揭發別人惡處的就是好人。

騙子就是利用這種心理——「如果他是壞人，不會揭露壞人使用的招式而對自己不利，所以他一定是好人」，進而達到行騙的目的。所以，你根本不必強調自己是好人，只要強調別人是壞人，對方就會在無意識中將你區隔，並且認為你是好人。但是我們不必把別人都當作壞人，只要保持謹慎就可以。如果總是相信別人說的話，可能會帶來令你意想不到的結果。

故意讓對方發現一些缺點

人們會在對方承認錯誤之後，鬆懈原有的警戒。

有一個記者曾經告訴我，如果想要在禁止拍照的場所攜帶相機進去，有一種技巧可以做到，那就是：以非常明顯的方式，把相機放在容易被看到的地方。警衛會發現你攜帶的相機，這個時候把相機交給他保管。但是事實上，這是作為掩飾用的相機，在其他的口袋中，已經準備另一台相機，除非意外被發現，否則這台相機很少會被查出。

這種以假相機來掩人耳目的方法，乍看之下似乎微不足道，卻是突破人類心理弱點的重要方法。為什麼？因為人們在完全投入從事某件事情的時候，事情完成以後，緊張的心情就會鬆懈下來。以警衛的立場來說，因為搜出「假相機」，就完成禁止有人攜帶相機進入的工作，所以警戒的心情會鬆懈下來，但是沒有想到竟然有人準備另一台相機。

所以，如果是有備而來的人，就會利用這個人性的弱點，故意讓對方發現一些小惡，進而隱藏大惡。例如：惡意的逃稅者，會在帳簿上做出一些錯誤，稅務員會發現這些錯誤，對方也會承認錯誤。至此，如果稅務員的經驗不足，就會對這些「錯誤」的揭發感到滿意，遺漏背後隱藏的「逃稅」。

有人在古董店買到一個假花瓶，生氣地質問老闆，老闆很有誠意地道歉：「剛才的行為是我的錯，但是這次絕對不會是假的。」這個人換了花瓶以後，又買下另一個花瓶，老闆卻在事後不知去向。這種情形就是由於被害者在對方承認錯誤以後，鬆懈原有的警戒，所以被騙第二次。對於輕易可以識破的「小惡」，必須更加提高警覺，因為其中可能隱藏另一個「大惡」。

坦白地承認錯誤

我們對於犯錯的人，都會希望對方有「誠懇的認錯態度」，但是如果認錯的誠意超過其犯下的錯誤，反而會覺得「誠意已經到達這種程度，不接受道歉也不行」。

日本的經營之神松下幸之助曾經提到自己處理客戶抱怨的方法：

「某個大學教授寫一封信給我，信中提到他那所學校購入我們製造的產品有瑕疵，我立刻派當地的負責人去處理。但是教授對產品瑕疵這件事情非常生氣，負責人誠懇道歉並且做出適當處置之後，教授的怒氣消失了，而且變得很高興，告訴我們在其他系所也有一些採購案。因此，接受客戶的抱怨，再加上誠懇的處理方式，已經是現代企業不可或缺的條件。」

每個人都會犯錯，但是犯錯以後的處理方式，如果可以像松下幸之助一樣，就可以使後來的印象變成正面。

我們對於犯錯的人，都會希望對方有「誠懇的認錯態度」，但是如果認錯的誠意超過其犯下的錯誤，反而會覺得「誠意已經到達這種程度，不接受道歉也不行」。同時，對於犯錯的人產生的憤怒和不信任會立刻消失，並且認為對方是「誠實的人」。

這種原因，就是因為對方展現誠意，如果對他抱持敵對情緒，就會覺得不好意思，認為他是好人，以求取心理平衡。相對的，如果對方的誠意低於自己的期待，心理平衡會反向運作，對他的憤怒和不信任會隨之增加。有兩個人都是重罪者，我們對於後悔自己做錯事情的人，會覺得比較容易原諒，對於不認錯的犯罪者無法原諒，也是因為這種因素使然。

雖然自己沒有絲毫誠意，但是讓別人以為自己很有誠意，這種方法經常被使用。例如：工作的時候犯錯，故意提出辭呈，自己不是真的要辭職，這種辭呈也不會被接受。因為主管會提出慰留：「不必把事情想得那麼嚴重」，然後裝作勉強接受慰留。之後，就會讓人認為「這個傢伙的責任感很重」，真是一箭雙鵰的好方法。

旁敲側擊的妙用

如果對「我們的家」表示關切之意，會比「自己被厚待」更令人感動。

我有一個當老闆的好朋友，每次到了年底，都會收到堆積如山的禮物。但是由於禮物太多，而且禮物的種類繁雜，因此只會留下合意的禮物，其餘的送給別人。前幾年，他收到一個特別的禮物——「芭比娃娃」，禮物的收件人是這個老闆的女兒。不把禮物送給老闆而送給他的女兒，確實令人深感其細心與誠意。

從這個例子中，我們可以發現，送禮給對自己有直接利害關係的人，人們往往會覺得理所當然，甚至會覺得是否有其他目的，進而產生戒心。但是，如果對「我們的家」表示關切之意，會比「自己被厚待」更令人感動。就像「攻心為上」這句話一樣，讓人感覺對自己的家人也可以如此用心，使對方體會到自己的苦心，這是一種高明的手段。

公司在招待客戶的同時，最好也招待客戶的妻子。因為如果只招待客戶，可能會讓人覺得這是生意上的關係，但是由於妻子們的加入，就會變成類似朋友的關係。更進一步說，是從現實的角度進入友情的境地，而且很少有機會參加聚會的妻子們，會對於公司的周到十分感激。妻子的這種情緒，也會傳達給丈夫，因此對於公司業務的持續發展，會有許多幫助。

還錢的時候，不要把現金直接交到對方手上，即使是小錢也要放入信封中，慎重歸還。只要妥善地做好這些小事，就會使對方完全信任。

避免因小失大

幾年前，曾經發生某機構詐騙投資人使其血本無歸的詐欺案。但是這個機構是使用什麼方法，竟然可以募集到數十億的資金？

這個機構的詐騙手法是這樣的：首先，與投資人約定高利息使其上當，並且不斷地強調，不是向投資人借錢而是投資，後來運用人類的心理更是厲害。最初，投資人的金額不會太大，只是一些小金額而已，也就是在「即使被騙就算了」的範圍內。對於這種小額投資，例如：約定一個月就可以得到一成利息，一個月到期一定會支付利息。經過幾次之後，投資人的戒心就會降低，金額也會從原來的幾千到幾萬，但是世界上真的有這種好事嗎？

這個機構可以得逞，就是巧妙運用人類心理的弱點。如果遵守約定，即使是最初覺得有些懷疑而存有戒心的對象，也會變得對其完全信任，這是人之常情。雖然是小錢，也要盡快歸還，而且還錢的時候，不要把現金直接交到對方手上，即使是小錢也要放入信封中，慎重歸還。只要妥善地做好這些小事，就會使對方完全信任。

這種充滿誠意的做法，不只是在借貸關係上有用，在一些約定或是日常生活上也有用。例如：遵守在酒席上的約定，可以得到「信守承諾的人」的評價，因為在酒席上的約定，多半是在有醉意的情況下開玩笑，別人不會認真地相信，即使不遵守約定，別人也不會覺得奇怪，但是如果可以遵守約定，評價就會不同。

讓別人感覺到你的努力

先讓別人做最壞的打算，之後不管你如何做，都會比別人預期的更好。

如果與別人約定，時間快要來不及的時候，你會怎麼跟對方說？不同的說法，給對方的心理影響也會不同。如果遲到十分鐘，是跟對方說遲到五分鐘，還是說遲到二十分鐘？

如果說遲到五分鐘，對方會覺得「五分鐘而已」，情緒上會有些緩和，但是實際情況比約定時間延後五分鐘，讓人產生二次爽約的印象，更會使對方感到焦躁不安。如果是另一種方式，跟對方說遲到二十分鐘，雖然會讓對方覺得「還要二十分鐘」，但是實際情況比約定時間提早十分鐘，就會使對方忘記遲到十分鐘，認為你做出「縮短十分鐘」的努力。

像這樣的方法，我們經常可以看到：醫生對病人的家屬說：「情況已經很危險」，讓他們做最壞的心理準備，然後接著說：「但是我們會盡力試試看」，讓他們有所期待。醫生如果直接說這樣的話，如果成功，病人和家屬都會非常感謝醫生做出的努力；如果沒有成功，也會讓家屬覺得「醫生已經說過情況危險，果然還是不行」。無論是在什麼情況下，醫生都不會被責罵。

有一個神經敏感的人，因為感冒去看醫生，遇見一個精於算計的醫生。醫生略微診斷以後，抱著雙手沉思。病人非常擔心地問：「怎麼了，是不是有什麼疾病？」醫生說：「不做一次全身檢查，恐怕查不出來……」於是，X光、血液檢查、超音波、驗尿，醫生說：「檢查的結果，一切正常」，但是如果有什麼問題，醫生會說：「正如我懷疑的一樣。」

事實上，許多人經常使用這種方法，例如：被出版社催稿的時候，如果覺得交稿時間太緊迫，可以打電話給編輯：「是否可以再延一個月？」編輯可能會不知如何是好，但是這句話可以讓他做好心理準備，然後在實際的完稿日期之前交稿。當然，這並非故意拖延，但是會被出版社感謝。

讓對方感覺到你的關心

呼喚其名並且問候其家人，一般是在非常親近的關係上才會用到，如果有人被這樣問候，會深刻地認為：「這個人竟然如此關心我們！」

許多善於收攬人心的人，可以把原本沒有關係的事情，變成好像與自己有某些關連。例如：對於只有一面之緣的人，親切地叫出他的名字——「某某先生，好久不見，最近好嗎？」實際上完全忘記這個人的姓名和臉孔，只是在碰面之前悄悄地詢問旁人，並且做出一副非常關心的樣子。如果知道是某人的兒子，就會與他握手寒暄，然後詢問其父親的消息——「令尊最近如何？」因為這種微小的動作，使對方留下深刻的記憶。

呼喚其名並且問候其家人，一般是在非常親近的關係上才會用到，如果有人被這樣問候，會深刻地認為：「這個人竟然如此關心我們！」甚至可能成為這個人的支持者，如果他要競選，就會為他奔走拉票。

如果喜歡某個女孩，同樣的心理運用也有相同的效果。即使只有見過幾次，可以從她的話中找出她的喜好，下次見面的時候，在對話中加上一句：「你養的那隻叫麥可的狗，最近好嗎？」或許只要這句話，對方就會興奮地覺得：「他很關心我！」

看一張數人合照的照片，每個人都會先看到自己，然後再瀏覽這張照片。如果自己拍得不好，就會說：「這張照片拍得不好。」從這些例子中可以看出，想要在人際關係上獲得別人重視，使對方產生親切感，就要記得一些關於別人的事情，然後伺機說出。只憑這一點，就可以讓自己走進別人的世界！

模稜兩可的話術

人類的心理就是這樣，聽到模稜兩可的提示，就會想要找出和提示有關聯的事件。

算命先生說：「最近工作不順利？」如果確實如此，客人會說：「真準！」即使不是這樣，算命先生會巧妙地說：「沒有嗎？那真是太好了。」不會給客人不信任感。這個問題，乍看之下是斷定「工作不順利」，但是依照對方的回答，產生截然不同的回答，就是模稜兩可的回答方式。

諸如此類的方法，算命先生經常使用，讓客人以為自己算得很準。例如：算命先生說：「你跟水真是有緣」，好像只是表示「水」這件事情，其實卻是模稜兩可的答案。江先生與沈先生和水有關係，自來水公司與船員也和水有關係，更可以想成住處附近有河川或湖泊。

人類的心理就是這樣，聽到模稜兩可的提示，就會想要找出和提示有關聯的事件。如果被算命先生說：「你跟水真是有緣」，可能會想到：「小時候，差點在河裡溺死」，從到目前為止的生活體驗中，找出和水有關的事情，把模稜兩可任意地當作確實來處理。

如果說算命先生的技倆是建立在如何巧妙運用「模稜兩可」之上，可以說是相當貼切。巧妙運用這種模稜兩可的話，可以抓住對方的心。許多老闆擅於利用這種手法，以抓住員工的心，例如：遇見員工的時候，拍著他的肩膀說：「辛苦了，加油！」「辛苦了」這句話，其實是模稜兩可的。因為何事辛苦？一時之間想不出來，但是這句話會讓員工覺得老闆非常關心自己，進而更加努力工作，你認為呢？

大智若愚

人們看到平日威風的人其醜態和弱點的時候，對這個人抱持的緊張感就會消失，並且有逐漸接受這個人的心理傾向。

某個記者曾經對我說過一段關於他去採訪某個政治人物醜聞的故事。這個政治人物對記者說：「我有很多時間，可以慢慢來。」由於這種態度，記者的採訪熱情被壓抑下來，過了不久，茶送來了。

接下來的事情是：那個政治人物似乎不喜歡喝茶，不小心打翻茶杯。收拾茶杯之後，又把香菸拿反了，在濾嘴上就要點火。「先生，你的香菸拿反了。」由於記者的提醒，他似乎更慌張，不小心打翻菸灰缸。這個在政壇上呼風喚雨的人物，讓記者意外地看見這些醜態，因此在不知不覺中，記者採訪醜聞的想法逐漸消失，反而對這個政治人物感到非常親切。

我的看法是：這是政治人物的巧妙手段。人們看到平日威風的人其醜態和弱點的時候，對這個人抱持的緊張感就會消失，並且有逐漸接受這個人的心理傾向。所以，我們可以故意表現自己的弱點，進而使對方疏忽，或許可以拉攏對方成為自己人。

我有一個朋友，在某企業工作。升為經理的時候，他這樣說：「我對數字沒有概念，請各位多幫忙。」只憑這句話，一直戰戰兢兢迎接新主管的部屬，緊張的感覺一掃而空。

但是有一天，部屬的報告出現錯誤的時候，可以正確地提醒他：「這個數字錯了」，並且督促其注意。事實上，這個錯誤是細微而重要的關鍵，如果可以這樣持續一段時間，就會在部屬之間建立一種評語：「經理說自己對數字沒有概念，其實是相當精明的」，部屬對他的信任感也會增強。

造成對方的心理負擔

巧妙運用人類心理中「不好意思」的感情，原先不可能答應你的人，也會同意你的要求。

「每個成功的業務員，都是靠兩條腿和一個嘴巴」，我們經常可以聽到這句話，他們即使被拒絕，還是會緊盯不放。如果對他們說：「我不想買你的產品，你來拜訪是浪費時間！」他們會說：「這是我的工作，再讓我說明幾分鐘，可以嗎？」然後神采奕奕地進行說明。他們如果經常來拜訪，即使我們沒有被打動，也會感受到他們的誠意。

在大雨傾盆的時候，他們辛苦地站在門口敲門，即使知道這是一種銷售策略，還是會有

「好可憐喔！」這種感覺。

以這種方式推銷，就是巧妙運用人類心理中「不好意思」的感情。即使我們絕對不會購買，業務員拜訪幾次以後，就會產生讓對方奔波的心理負擔，並且會認為：「如果他把花費在我身上的時間轉向別人，可能已經做成許多生意。」

許多記者經常使用這種方法，也就是「二十四小時守候」。在追蹤事件的時候，他們會等待關係人工作結束以後去採訪，在大多數人休息的時間內行動，才可以造成對方的心理負擔。

為了表達自己誠意的業務員和記者，需要花費大量的時間和體力，但是在日常生活中，如果加進一些他們的精神，可以使事情順利進行。例如：想要請求別人做某件事情，如果可以慎重地拜訪他，就會讓他產生「虧欠」的感覺，不好意思地答應你的請求。

第三話

「他們說」這三個字裡，有一半是謊言。

——富勒（英國哲學家）

如果我是你……

說出「如果我是你……」之後，聽到這句話的人會覺得「這個人完全站在我的立場，為我設想」。

對企業的主管而言，人事的調動是一件麻煩的事情。即使考慮周延，而且適得其所，還是會有許多員工感到不滿，覺得自己被降職或是不被重用。為了讓員工心甘情願地接受安排，他們必須使用各種手段來說服員工，讓自己精疲力盡。

有一個主管提到如何讓調職員工心服口服的方法：首先，他把這些員工叫來，並且和他們交談，讓他們說出自己的想法，聽完他們的想法以後，適時地說出「我可以瞭解你的處境和心情」。之後，再加上一句話：「如果我是你，會比較喜歡在那個部門，不僅沒有複雜的人際關係，而且可以發揮自己的能力。事實上，許多人因為在那個部門表現優異而獲得升遷！」

在這個例子中，主管並非強迫員工接受自己的說法，而是讓員工感覺到主管是站在自己的立場提出建議，這就是秘訣。

這種方法是：協調者不表示任何意見，只是傾聽對方的言論。對方坦白說出自己的不滿和煩惱之後，如果知道可以被接受，心中的疑惑就會一掃而空。因為對方傾聽我們的言論，感覺對方是站在和自己相同的立場，進而產生信任的心理。

類似「生命線」這種機構，幾乎所有協談者都會把「如果我是你」掛在嘴上。例如：面對離婚問題的求助者，協談者會說：「如果我是你，會再忍耐一段時間」，求助者毫無理由地接受這句話，是因為聽到「如果我是你」之後，產生「這個人完全站在我的立場，為我設想」的錯覺。如果陷入這種心理陷阱，對於之後的建議，即使對自己不利，也會認為是「為了自己好」而洗耳恭聽。

拒絕的藝術

明知不可能，也要說：「我非常瞭解，我會盡最大的努力試試看。」

拒絕的藝術，是現代人必須具備的能力。對於拒絕，我有一套拒絕的藝術。如果被拒絕的對方，沒有任何利害關係，可以直接拒絕；如果是客戶或主管，就要在不傷害對方又符合對方要求上用心。

明知不可能，也要說：「我非常瞭解，我會盡最大的努力試試看」，讓對方放心，然後真誠地打電話給他：「回到公司的時候，主管剛好不在。主管回來以後，我會和他討論這件事情。」—「我要向主管報告的時候，他又出去了。」如此這般的回答，以表示沒有忽略對方的要求。即使沒有把這件事情當作問題來處理，也要在回答的時候裝出認真的樣子。

對於許多人來說，會感到不安在於資訊不足。對於自己「盼望的事情」，後來的處理過程如何，會非常渴望地想要知道，如果幾天沒有消息，就會產生不安全感。

反之，充分地提供訊息，會使我們產生信任感。許多政府機構安排「與民有約」的活動，形成和民眾交換訊息的管道，改善政府與民眾的訊息傳達方式，在回答民眾的不滿和疑問的同時，主動公布關於施政的資訊。推動這件事情的部會首長，努力和民眾交流，使得民眾的意見可以明確表達，改變政府與民眾互動的關係。

也就是說，只要可以知道事情的經過和結果，即使是已經知道的事情，也會感到比較安心。即使是「今天的會議沒有結果，下次再提出討論」之類的話，也會覺得對方已經做出努力，自己打了退堂鼓。

好，可以結束了

處於緊張氣氛中的人，如果被放到自在的場合，就會把原先隱藏的真面目和真心話釋放出來。

某個擅長拍攝人像的知名攝影師，透露自己拍攝人像的秘訣，他會在工作即將結束的時候說：「好，這張拍完就結束了，謝謝！」聽到「好，結束了」這句話，一直在意相機而使表情僵硬的孩子，就會緩和自己的表情，看準這個瞬間，立刻按下快門，就可以拍攝到洋溢自然氣息的孩子。不愧是知名攝影師，因為他可以確實捕捉到被拍攝者的心理變化。

在正式場合或是面對鏡頭的時候，人類的心理會產生緊張與壓迫感，因此會有不同於平日的舉動」。處於緊張氣氛中的人，如果被放到自在的場合，就會把原先隱藏的真面目和真心話釋放出來。同樣的，在相機前面，孩子的真面目很難捕捉，但是聽到「好，結束了」這句話，他們的天真就會自然顯現出來。

對於這種空間氣氛的運用，我們甚至可以簡單地套出對方隱藏的真心話。

在一般的會議場合中，會議結束的時候，主席以「會議結束，我們聊天吧」為結語，接下來的閒談會非常有趣，真心話也會紛紛出籠，甚至比正式發言更有意義。

此外，從稅務員朋友那裡聽到一個例子：他們調查冥頑不靈的對象，經常在調查結束以後，一邊喝茶一邊聊天。接受調查的對象在調查中會非常緊張，調查結束之後，就會放鬆警惕，無意中被問到：「哇！這幅畫很漂亮」的時候，就會不自覺地說：「這幅畫是真品，請不要宣揚出去！」我的朋友就可以在問題中，找出逃稅的證據。

加入一些真實

所謂的騙子，事實上就是在談話中擅於加入某種程度真話的人！

在詐欺的案件中，以結婚的案件最多，為什麼這種單純的手法可以欺騙許多人，實在令人百思不得其解。

在我看來，所有的騙子有一個共同點：絕對不會從頭到尾都說假話，會在其中的某一點加入一些真實。也就是說，其中有百分之九十都是謊言，只有百分之十是可信的，而且以這百分之十作為重點，以使對方相信。例如：「就像你看到的，雖然我的身材矮小，但是膽量跟身材相反。我經常在做冒險的事情，而且非常成功，去年的股票市場……」

身材矮小就是重點，騙子先揭示一部分的真實，以確立故事的可信度。如果有人陷入這個圈套，就會相信後來在股票市場賺錢的謊言，然後把自己的積蓄給這個騙子，最後陷入窘境。所謂的騙子，事實上就是在談話中擅於加入某種程度真話的人！

在探討人類思考的過程中，我們可以發現，無論是在有意識或是無意識的狀態下，人們經常會有「以某部分的訊息為核心，以形成整體的印象」的思考方式，我們可以稱其為「以偏概全」的思考方式。也就是說，以獲得的訊息作為參考的基礎，進而對主題加以推理和預測的思考方式。想像力越豐富的人，這種思考方式的可能性越高，經常把一部分的事實誤認為全部的事實。知識程度比較高的人，經常被這種單純的手法欺騙，因為他們比較容易採取這種思考方式。

我的女兒很欣賞你

不實的訊息，如果被當作第三者的思考或意見而傳達出來，立刻會讓人感覺到它的真實性。

某一天，有一個賣房子的推銷員來拜訪，由於他帶了我的朋友給他的介紹信，因此我沒有拒絕他。但是，他只說了一段話，就讓我相信他的話而陷入圈套，他是這樣說的：

「事情是這樣的，我的經理非常崇拜你，如果親自來拜訪害怕打擾你，因此無論如何，請我一定要把這本書拿給你簽名……」接著，從手提包中拿出我最近出版的新書。

「我非常崇拜你」這類的話，是許多推銷者經常使用的方法，但是這句話是把被推銷者放在句首，因此容易被對方識破。這個推銷員說：「我的經理非常崇拜你」，比「我非常崇拜你」更有說服力，而且事先準備新書，這種高明的奉承，任何人都會無法抗拒。

不實的訊息，如果被當作第三者的思考或意見而傳達出來，立刻會讓人感覺到它的真實性，所以智慧型的騙子經常會利用這種人類的心理作用。例如：某人帶一個外國朋友到一家咖啡廳，然後對店員說，這是某個王國的王子。過了幾天，又帶著未婚妻到那家咖啡廳，在談話中佯裝突然想起某些重要事情必須外出，被留下的未婚妻一定會感到不安，於是詢問認識未婚夫的店員：「你認為他是怎樣的一個人？」店員不太清楚，但是記得前幾天他帶外國朋友來這裡，因此回答：「好像是某個王子的朋友。」這種由第三者的發言而形成的決定關鍵，有可能演變為結婚的詐欺案件。以此例而言，即使說自己是某個王子的朋友，對方也不會這麼簡單就上當！

藉由第三者以突顯自己的真實性，不僅被用在「將謊話信以為真」這個方面，對於教育孩子也有效果。孩子如果結交壞朋友，無論母親如何勸導也沒有任何作用，有時候還會引起激烈反抗。在這種情況下，如果和孩子沒有直接利害關係的人，無意之間說一句：「在外面結交壞朋友，媽媽會非常擔心！」如此一來，反而產生更好的效果。

我一定可以做到

無論是任何人，只要他很有自信，就可以將傳達的訊息變得令人信任。

在這個世界上，存在許多辯論家，但是最具代表性的，大概是由許多政治人物代表的「自信型」。聽他們說話，就像世界上沒有不可能的事情一樣，真是令人不可思議，這是因為他們遵循一個真理，可以把近乎完全相反的主張，以很有自信的方式表現出來，進而讓人信以為真。

無論是任何人，只要他很有自信，就可以將傳達的訊息變得令人信任。理由就是——在他們說的話中，「絕對」、「一定」、「百分之百」這種完全肯定或是完全否定的肯定用語經常被使用。例如：在選舉中，氣氛達到最高潮的時候，反覆運用「我一定會做到」、「我絕對會報答你們」、「我可以對天發誓」等言辭，以引誘選民支持自己。

我們雖然會認為事情沒有如此簡單就可以確定，但是會傾向「有可能」這種想法。所謂的訊息，與其表現得曖昧，不如以絕對性的用詞更可以表現傳達力和說服力。

可以巧妙運用這種人類的心理弱點，就會使人們更容易受騙。「絕對便宜」、「完美」、「成功率百分之百」這種過於確定的斷定表現，實際上是不是一種圈套？實在有加以懷疑的必要。但是，對一個缺乏自信的考生來說，「你一定沒有問題，考試的時候要注意作答」之類的話，把不確實當作確實的「欺騙心理學」，對其信心的建立有很大的幫助。

第三者的立場

所謂的「每個人」，一定也包括自己的想法。

以女性的年齡進行調查，請她們主動說出自己的年齡，再將其結果依照年齡進行統計，結果會發現四十幾歲的女性很少。這是因為四十幾歲的女性對於承認自己已經「四十幾歲」這件事情產生特別強烈的反抗心理，因此虛報比實際小的年齡。其他年齡層也有類似情形，只是有程度上的差別而已。

女性對年齡的重視，雖然不能說是故意欺騙，但是如果要使對方說出真話，確實不容易，尤其是與自己有切身關係的時候，想要「問出真心話」更是困難，面對別人「想要聽你的真心話」而可以爽快回答的人，更是少之又少！為了問出真心話，「欺騙的心理學」就有其必要性。

此外，在關於「性」方面的調查中，如果詢問年輕女性：「你曾經和多少男人發生關係？」一定無法得到答案，即使有答案，也多半不是真正的答案。最近的年輕女性雖然已經可以大方地談論性的問題，但是要她們坦白說出自己的性經驗，還是會有很大的反抗心理。

但是，如果改變問法：「你的朋友是什麼情況？」就可以爽快地回答。所謂的「每個人」，一定也包括自己的想法。

如果以第三者的立場來接受我們提出的問題，對方就會輕易鬆口，因為不是以自己的利害關係為前提，緊張和壓迫感就會降低，也會因此放下戒心，最後說出真心話。

經驗老到的主管想要知道下屬在想什麼，經常使用這種方法。下屬如果被問及：「你知道現在的年輕人對公司有什麼想法嗎？」如果回答：「他們覺得生存價值和家庭比工作更重要」或是「和中年以上的主管不太合得來」，主管對下屬的評價就會有反效果。所以，識破對方欺騙的詭計，並且多加思考，才是上上之策。

只提供自己可以接受的選擇

提供已經準備好的答案，讓別人沒有其他的選擇。

有一對夫妻在餐廳用餐，他們即將用餐完畢的時候，服務生算準時間，靠近餐桌對這對夫妻說：「飯後的甜點需要蛋糕還是冰淇淋？」甜點送上來的時候，這對夫妻突然想到自己已經吃得很飽，根本吃不下任何甜點。

對這對夫妻而言，本來可以回答「我們不需要甜點」，但是當時完全沒有想到「不要」這兩個字。

如果這對夫妻被問及「需要甜點嗎？」或許會在考慮之後回答：「不要。」而且，「蛋糕還是冰淇淋」的選擇，原來應該放在「要不要甜點」之後，可是第一階段的選擇已經被省略，直接進入第二階段，這就是服務生高明的地方。

曾經有日本人做過類似的實驗。在實驗中，首先讓受試者看一幅畫，接著詢問這幅畫的內容，由於問法的不同，答對的比例也有明顯差異，例如：畫中的時鐘顯示十一點，如果被問及「畫中的時鐘是幾點？」答對的人非常多，可是如果被問及「時間是十點還是兩點？」答對比例就會大幅下降，如果被問及「時間是九點還是三點？」答對的人變得更少。總之，被提示錯誤答案的受試者，即使與自己的記憶不相符，也會以為兩者之中有一個正確答案。

提供已經準備好的答案，讓人們產生沒有其他選擇的錯覺，如果只是「甜點」無傷大雅，如果是「戰爭」、「核能」這類問題就會非常嚴重。為了不陷入這種迷思，應該冷靜地思考其他的答案。

三個重點的邏輯

英雄難過美人關，我是英雄，所以難過美人關。

「在這個問題上，我提出三個重點。」「這件事情，我們從三個角度來討論。」這類以「有三個重點」作為討論開端的言論，如果具有爭議性，聽的人就會特別注意，因為這種說法經常使人們產生邏輯上的欺騙。

我們經常會主觀地認為從三個方面來分析事物，就可以全面地顧慮到事物的整體，而且是非常用心整理出來的結果。但是，問題真的只有三個嗎？進一步的分析，事實上還存在更多的問題和差異，但是卻被這三個問題所局限，對於其他問題和差異視而不見。或許，最重要的問題正是隱藏在「第四點」。

不僅如此，如果觀點看起來越有道理，越是隱藏許多陷阱。例如：英雄難過美人關，我是英雄，所以難過美人關。這種三段式的論法，就是最好的例子。

這種三段式的論法，立刻可以看出「我是英雄」的結論錯誤，但是例如：「韓國是三面臨海的國家，如果受到敵人攻擊很難防守，因此應該發展核子武器」，這種情形要提出反對意見是不是很困難？因此，越是不合邏輯的話，越會為了隱藏其內在的矛盾和欺騙，戴上一層乍看之下符合邏輯的假面具。

什麼是公平原則？

即使是不合理的內容，只要被加入「公平」二字，人們就會產生錯覺，覺得這是合理的根據。

你覺得自己必須擁有什麼才會感到滿足？其中因素因人而異。例如：無論是多麼有錢的人，只要他的財產沒有達到自己的目標（而且這個目標會不斷改變），就會每天為錢所困。相反的，只要身體健康、生活快樂，就會感到非常滿足，這種情形也普遍存在於社會中。

由於滿足的需求不同，每個人的標準也會不同，但是要求的程度如果沒有合理的標準，無法知道人們的需求到底是多少。不能滿足於現狀的有錢人，是因為還沒有發現應該滿足的合理標準；一般的中產階級，只要身體健康、生活快樂就可以，因此我們可以發現其合理的標準。總而言之，人們的要求程度只要有合理標準，無論身處何地，都是富有的。

假設某個員工領到五十萬元年終獎金，他對於這個金額是否可以滿足，實際上答案不是在於金額多少，如果這個金額比社會上一般行情少很多，他一定會有所不滿，但是他更在意的是，與他相同條件的公司其他員工領到多少。換句話說，假如他認為自己比其他員工對公司更有貢獻，即使只比對手少一百元，對他而言也會是一種不公平。因此，報酬是否可以被人們接受的合理根據，就是在於它的公平性。

現今的社會，公平被視為民主政治的精神，因此我們更容易陷入公平的迷思中，即使是不合理的內容，只要被加入「公平」二字，人們就會產生錯覺，覺得這是合理的根據，因此如果拘泥於公平，反而會使公平的真義失之偏頗。

心理的慣性

被強調的那一面深入人們的印象中，其他方面就會被人們忽略。

美國職棒教練阿塔克先生，只要提到這個名字，人們就會想起那個經常被媒體大肆渲染的「魔鬼教練」。而且因為這個封號，許多人認為阿塔克教練只是一個追求勝利的鐵血教練。

阿塔克教練為了扭轉這種形象，曾經在一九八三年的球季中，讓所有選手自由發揮，令球迷們非常驚訝。但是人們對阿塔克教練依然存有「魔鬼教練」的印象，因為如果被冠上這種封號，沒有那麼容易改變。

從阿塔克教練的例子可以看出：為某人冠上封號，只強調他的某個方面，就可以產生很大的效果，並且令人印象深刻。無論事情的真相如何，只要被強調的那一面深入人們的印象中，其他方面就會被人們忽略。

其中最可怕的例子，就是第二次世界大戰中，日本人的「大東亞共榮圈」。當時，深信大東亞共榮圈的日本人不在少數，於是所有的日本人朝向無謂的戰爭走去。

冷靜地加以思考，「大東亞共榮圈」其實是毫無意義的理論，但是人們有一種傾向——如果加上一種口號，就會不問原因、不辨是非地相信。事情並非如口號所說的那樣簡單明瞭，必然參雜許多複雜的原因。但是人們在潛意識中卻存在追求有條理的事物傾向，這就是口號容易被接受的心理因素。

這類假象的口號，經常被運用在攻擊敵人方面。例如：在選舉的時候，把其他候選人冠上「黑金」形象，針對這一點徹底攻擊，在破壞對方形象的同時，自己也會被認為是「清廉」的政治人物，進而達到當選的目的。

單位的錯覺

把相同數量的東西，透過改變其單位，或分割、或加總，讓對方產生判斷上的錯覺。

「到市區只要六十分鐘」——我們經常可以看到這種房屋廣告，如果把宣傳文字改為「到市區只要一個小時」會變成怎樣？一定會覺得比較遠。這是因為，人們對於「分鐘」感覺比較短，對於「小時」感覺比較長。應用人類的這種心理，將時間單位改變，使人們產生錯覺，就是房地產廣告中經常使用的心理戰術。同時，再加上「只要」強調其距離之短，因此「六十分鐘」更有效果。

這類以數字來迷惑人們的判斷，我們可以稱為「單位錯覺」。把相同數量的東西，透過改變其單位，或分割、或加總，讓對方產生判斷上的錯覺，產生另一種心理效果。

在我們的日常生活中，經常可以發現這種例子：水果攤老闆經常把水果以「一堆一百元」來出售，雖然其中有好有壞，腐爛的水果也混雜其中，但是可以賣得比較好。這是因為，人們會有一種心理，認為：與其「一個十元」或是「一斤三十元」零買，不如一次買多一些比較划得來。這也是水果攤老闆在顧客的心裡產生「單位錯覺」。

分期付款是人們經常使用的購物方式，這也是運用「單位錯覺」使人們接受的買賣行為。例如：顧客無法一次買下一輛五十萬元的車子，但是聽到「分期付款，每個月只要一萬元」，就會感到「自己的經濟能力也可以負擔」，這就是「單位錯覺」產生效果。因為負擔不大，所以很容易激起顧客的購買欲望。所以，我們在購物的時候，應該衡量自己的需求，才不會花了冤枉錢。

如果每天領取一千元薪水，就會覺得薪水很少，如果每個月一次領取三萬元，就會覺得薪水很多。事實上，一個月領取的薪水總額是一樣的，但是每天領取就會覺得很少，每個月領取就會覺得很多，這種感覺真是不可思議。如果可以善加利用這種「單位錯覺」，就可以給人們意想不到的效果。

眾口鑠金

所有人都把白說成黑，難道你不會認為它是黑的嗎？

知名的指揮家馬克，在歐洲指揮家比賽的總決賽中，評審給他一張樂譜，觀察他如何正確地指揮。他努力揮動指揮棒的時候，卻遇到指揮上的障礙。

馬克心想，會不會是演奏者有問題？於是再來一遍，可是他依然覺得不對勁，演奏者確實是按照樂譜演奏。這個時候，作曲家和編曲家走出來，除了馬克以外，所有人都認為沒有錯，只是他的錯覺而已。即使是馬克，他的意志力也被動搖了，可是最後他卻說：「樂譜錯了。」

事實上，這正是試探指揮者自信的考試，就是要試探在感覺出錯的時候，即使所有人抱持相反意見，還可以堅持自己音樂修養的人。從馬克的故事中，我們可以知道，在與自己抱持不同意見的多數者中，要堅持自己的正確意見是如何地不容易。

此外，還有一個有名的實驗：實驗中，讓九個受試者觀察畫了一條線的圖片和畫了三條線的圖片，然後詢問他們一條線和三條線之中哪一條等長。乍看之下毫無意義的實驗，九個人之中有八個是「串通者」，他們被指示做出錯誤回答，以考驗真正的受試者，在「串通者」錯誤回答的誤導下，到底會有什麼反應，這才是這個實驗的真正目的。圖片中，雖然線的長短可以清楚判斷，但是實驗的結果顯示：真正的受試者受到「串通者」的影響，做出錯誤的判斷。

每個人很容易以大多數人的意見為意見，為了附和別人，即使知道自己的判斷是正確的，也會放棄自己的堅持。就像「應聲附和」這句話一樣，完全無關事物的對錯。人們容易傾向多數，如果要像馬克一樣，對自己的判斷力非常有自信，不屈服於「團體壓力」而貫徹自己的意志，這是相當困難的。所有人都把白說成黑，難道你不會認為它是黑的嗎？

請多指教

許多人聽到「請多指教」這句話以後，會自然地產生優越感，並且說出自己的看法，說出自己的看法以後就會成為相同的人，並且共同承擔一部分的責任。

「有一件事情，想要向你請教……」

很少人會對這樣的請託感到厭煩吧！除非是不通情理的人，否則如果被對方引起優越感，大多數人都不會感到厭煩。而且，對方如果是長輩或主管，更會覺得與平日的立場完全不同而感到非常得意。即使是與自己差不多的人，對方表現得越謙卑，越可以建立心理上的優越感，甚至會感到不好意思。

可是請你注意，假設同事找你商量某件事情，你毫不在意地回答，他會因此而道謝。但是，如果他接受你的建議，卻產生無法彌補的錯誤，你應該如何？

如果他一口咬定，完全是依照你的建議，你可能要承擔大多數的責任。所以，同事找你商量某件事情，你感到非常得意，或許會惹來一些麻煩。

如果這種方法用在向主管報告上，可以得到很大的好處。提出重要議題的時候，如果先向主管請教，以討論的形式取得主管的認同，例如：「關於明年的財務計畫，我想到一些意見，但是不知道要以怎樣的方式在會議上提出？」尊重主管的意見，主管也會感到滿足。如果主管提出意見或指示，等於蓋下連帶保證人的章，也可以這樣說，以後主管絕對不會對這個議題提出反對意見。

為了在重要會議上爭取多數人同意，事前可以籠絡出席者，以謙卑的口吻說：「請多指教」，並且向對方提出自己的意見，裝作接受指教的樣子。許多人聽到「請多指教」這句話以後，會自然地產生優越感，並且說出自己的看法，說出自己的看法以後就會成為相同的人，並且共同承擔一部分的責任。

欲擒故縱

正面的反應在「偶爾」獲得回饋的情況下，在回饋停止之後，還是會有強烈的期待。

曾經在某篇報導中，發現一個統計數字：許多年輕女性對於大多數男性提出的邀約，大概三次會答應一次。現今年輕女性的想法真是令人刮目相看，或許像我這樣的人已經落伍了。三次邀約只答應一次，其實是對男性施展魅力和表現身價的方法，或許真的可以發揮效果。

如果每次都答應，對方很快就會感到厭倦；如果每次都拒絕，對方也會感到不耐煩，將目標轉向其他女性。在這個方面，三次之中得到一次正面回答，就會產生興奮感，因此會繼續付出關心。

運用這種方法，在現實中有多少男人被欺騙，我們無法得知。但是實際上，這種方法非常符合心理學上「間歇強化」的原則。這就是「對於正面的反應在偶爾獲得回饋的情況下，在身體上造成的反應。在回饋停止之後，還是會有強烈期待這種正面回饋的傾向。」

有一個實驗：一個箱子只要按鈕就會有餌出來，另一個箱子偶爾才會有餌出來。在箱子中，分別放進一隻老鼠。箱子中的兩隻老鼠，經過一段時間以後，發現使餌出來的方法，一直不斷地按鈕。但是，餌逐漸不再出來之後，哪一個箱子的老鼠繼續按鈕的時間比較長？答案是：偶爾才會有餌出來的那個箱子。只要按鈕就會有餌出來的那個箱子的老鼠，如果餌不再出來，就會立刻停止按鈕。

上述的例子，老鼠偶爾收到報酬的「間歇強化」，可以使其行為繼續。就像年輕女性接受邀約一樣，不知道各位對於這種方法做何感想？在教育孩子的時候，可以運用這個方法。偶爾給予孩子讚美，或許更可以收到鼓勵孩子的效果。

會議的精髓

抱持相反意見的人，在會議中透過反覆申述意見，就會產生錯覺，覺得自己意見的一部分已經反映到決定事項中，進而從這個錯覺中產生滿足感，因此容易接受會議的決定。

有一家公司的老闆非常專制，雖然每個員工依照他的想法工作，但是如果問員工：「老闆是否非常專制？」員工都會說他非常民主。他可以讓員工產生這種想法，其理由在哪裡？其實，就是在於頻繁召開的會議上。

例如：在制定某個計畫之前，首先要召開會議。對於這個老闆而言，開會只是一種手段。他已經決定這個計畫，但還是要召開會議，目的就是為了要排除反對意見。

這個老闆的做法，不是把反對者從會議中趕出去。相反的，讓反對者參加會議，正是他最主要的目的。在會議中，讓他們說出反對意見及其理由，然而在開會之前，老闆已經向某些人說出自己的決定，取得多數人的贊同，因此無論出現何種反對意見，最後都是他的意見被採納，做成會議的結論。

這是一種相當高明的方法。抱持相反意見的人，即使會議決定與自己理念不同，但是因為透過反覆申述意見，就會產生錯覺，覺得自己意見的一部分已經反映到決定事項中，進而從這個錯覺中產生滿足感，因此容易接受會議的決定。同時，參加會議的人無論抱持何種意見，都要服從表決以後的決議事項。由於這種潛意識的心理也在運作，因此就會主動地服從在會議上的決定。

在工作效率的提升上，明顯地影響工作效率的重要原因，與其說是工作內容，不如說是工作內容的決定方式。員工無法對自己在沒有參與的情況下而被決定的事物顯示熱情。在這一點上，越有能力的人越容易發生，單向的命令傳達只會招來反抗，甚至可能演變為內部爭鬥。因此，這個老闆利用會議的形式，強制員工貫徹自己的意見，卻不會使員工察覺，確實是值得學習的領導方式。

在這個例子中，與其說是老闆欺騙員工，不如說他是有能力和經驗的經營者。

榮譽感的激發

一般人在被信任的情況下，就會產生自我約制，這就是自發性管理的精髓。

有一次，我到某個國家旅行，想要飲用旅館準備的威士忌，發現冰箱不是現在常用的電腦式管理，而是放置紙筆，採取自己登記的方法。晚飯的時候，同行的朋友問旅館的接待員：「會不會有人謊報？」她笑著回答：「到目前為止，還沒有發現謊報數量的客人。」

人類的心理有這樣的機制：如果被信任，就會產生自我約制，完全不會想要欺騙。最近在企業的內部管理中，也經常利用這種心理：對員工委以權力，使其自我約制。例如：有一家公司，薪水比其他公司高出許多，而且上班時間非常自由。結果，這家公司的工作情緒相當高昂，不僅沒有員工曠職，反而會主動加班，業績蒸蒸日上。

以這種方法建立的勞資關係，雖然可以成為優良的管理系統，但是如果使用不當，也會形成不良的管理系統。例如：某個公司的業務員，每個月申請數千元的車資，被主管叫去，他以為是因為費用浮濫，主管卻安慰他：「只要認為應該申請，就盡量申請。」從下個月開始，車資不減反增，業績卻沒有增加，就是因為沒有責任的目標。所以，區分不良管理和優良管理雖然困難，但是對於全面信任的管理方式，最好可以體認到這種管理方式比被動式管理更高明。

同一陣線聯盟

只要可以找到和對方的共同點，就可以消除對方的緊張和警戒，使自己的人際關係順利拓展。

員工要求加薪的時候，有能力的老闆會這樣說：「我也希望可以為你們加薪……公司的持續發展，才是我們的最大利益……我知道你們非常努力工作，我全力配合你們的要求……」滔滔不絕地說著，最後會說：「為了公司的發展，對於加薪的事情，再忍耐一段時間。」如此一來，就可以拒絕員工的要求。

這種方法憑藉的，就是強調雙方的共同點。原本屬於相對的關係，如果形成這種「共通性」，並且讓人感覺是同一陣線，就是這種方法可以成功的理由。

如果和素未謀面的人交談，忽然發現彼此的故鄉或職業相同，原先的距離感就會立刻消失，有這種經驗的人一定不少。剛開始，即使是以防備心來看待對方，如果發現和對方有共同點，很容易解除防備心，這是人類共同的心理傾向。

這種方法也可以應用在推銷上：推銷員第一次拜訪客戶，有些客戶不僅對推銷員有戒心，而且非常緊張，甚至懷有敵意。為了可以和客戶早日交心，並且形成無話不談的關係，就要使用擴大彼此的共同點這種技巧。例如：「你的故鄉是哪裡？」、「鹿港！」、「我有一個朋友也是住在鹿港，所以我以前經常去那裡，那裡多少有一些改變吧！你知道廟口前面賣檳榔的阿美嗎？她是一個漂亮的女孩，不知道她現在好不好……」無論任何事情，只要可以找到和對方的共同點，就可以消除對方的緊張和警戒，使自己的人際關係順利拓展。

傾聽別人的抱怨

你可能沒有想到，只要依靠「傾聽」的動作，就可以化解別人百分之九十的抱怨。

在許多服務業中，都會設置「申訴中心」。在那裡，負責客戶申訴的都是有耐心的人，可以傾聽客戶的抱怨。來「申訴中心」抱怨的客戶，經常會發生火爆場面。處於客戶的抱怨中，透過傾聽客戶的抱怨以解決問題的地方，就是「申訴中心」。

一個人正在氣頭上，只要讓他說出想要說的話，說出憤怒的原因，他的怒氣很快就會消失。只要這樣做，就可以化解別人百分之九十的抱怨。即使沒有解決問題，但是已經說出自己想要說的話，感覺上也會舒坦許多。

舉例來說，許多人經常有電話費突然增加的經驗。一些認為自己沒有打這麼多電話的人，就會到電信局詢問，如果電信局員工回答：「這是由電腦控制，應該不會出錯。」或是「可能是你不在家的時候，你的兒子打色情電話。」——如果是這樣，對方只會更加不悅。

這種問題的解決之道應該是——先傾聽客戶的抱怨，然後說：「我們會立刻調查，並且盡快給你回電。」隔一段時間再和客戶解釋。客戶說出自己想要說的話之後，又經過一段時間，怒氣就會逐漸消失，並且趨於冷靜。

相反的，如果雙方互不相讓，就會陷入無法解決的困境。而且，在訴訟或協調的場合中，大聲叫罵只會讓人留下不良印象，保持冷靜才會對自己有利。表現自己的風度，不僅可以讓人留下好印象，而且對方已經充分發洩怒氣，自己可以佔據更有利的位置。

用感覺來說服別人

即使一個人有全部的錯誤，但是被別人激烈指責，就會產生不想認錯的心理。

有些人說，向女朋友提出分手比向她求愛更困難，你相信嗎？因此，有一個人在雜誌上公開這種「分手絕招」。

他使用的方法是：不必自己提出分手，而是不斷做出讓對方厭惡自己或是對自己灰心的舉動。有時候，一些行為不檢點的舉動，對於不想分手的女性，日子久了，也會提出分手的要求，此時不必責備對方，而是讓分手這件事情自然地發生，不讓對方感到任何做作，這就是他的巧妙絕招。

這種方法在辦公室也同樣有用，例如：在接待客戶的應酬上，部屬喝得爛醉如泥，甚至和客戶吵架，隔天早上，這個部屬來上班，覺悟到今天會被責備。部屬走進辦公室，主管用力敲著桌子大聲罵道：「我要你負責，並且跟客戶道歉。」結果會如何？即使部屬承認全部錯誤，但是在心裡一定會產生反感。即使自己有全部的錯誤，但是被別人激烈指責，就會產生不想認錯的心理。

最好的方法是說：「昨天晚上的事情，我也有責任。」自己承認也有錯，即使只說一句，也就夠了。如果主管這麼說，部屬一定會坦白地認錯而道歉：「不，你一點錯也沒有，全部都是我造成的，我現在立刻去向客戶賠罪。」這類以「感情」來說服的方法，比那些嚴厲指責更有效果。

要指責別人，不一定要說壞話

看到對方被誇獎或是被斥責，自己就會有相反的心情，這就叫做「暗示強化」。

有一個故事，是關於一個董事長讓員工主動辭職的過程。這個董事長的做法是：對於他想要解雇的員工，不採取直接解雇的方法，而是不說半句話，然後在他的面前，對他的同事說一些誇獎的話。誇獎的內容有很多，例如：「你的桌面整理得很乾淨」，任何事情都可以拿來當作誇獎的題材。

使用這個方法一段時間以後，這個員工的意志就會逐漸消沉，工作效率也會逐漸降低，不久，這個員工就會待不下去，最後自己提出辭呈。

雖然這是一個故事，但是這個董事長的方法，就是巧妙地運用心理學上的「暗示強化」。

許多人或許還記得，小時候如果有人做錯事情被老師罵，會有一些「幸災樂禍」的感覺，也會覺得「我沒有做被罵的事情」，也就像被老師誇獎一般；相反的，如果有人被老師誇獎而自己沒有被誇獎，就會覺得好像被貶低。看到對方被誇獎或是被斥責，自己就會有相反的心情，這就叫做「暗示強化」。

以上述的故事為例，在想要解雇的員工面前誇獎其對手，就會產生類似貶低這個員工的相同效果。相反的，如果直接貶低這個員工，可能會使他產生反抗心理，甚至引起辦公室的騷動。如果是「暗示強化」，不會使他感覺到「直接被侮辱」而確實可以達到的心理效果。為此，他就會感覺到「我不再受到重視」而逐漸消沉。

事實上，這種「暗示強化」在正反兩面都可以運用。這種「暗示強化」如果運用得當，對於圓融的待人處世也會有所幫助。

留給別人好印象

在一件事情的過程中，最初、中間和最後，對我們的印象差異很大。特別是最後一瞬間的印象不僅鮮明，而且會影響整體的印象。

有一個記者想要採訪某個董事長，經過多次預約之後，董事長最後終於有時間，於是依約前去採訪。但是，由於時間太過匆促，所以採訪無法順利完成，這個記者也不便繼續打擾。在道謝並且向董事長告辭之後，董事長送他到電梯口，看到電梯非常擁擠，就對電梯裡的人說：「各位同仁，客人要回去了，請讓一下好嗎？」就是這句話，這個記者從此以後成為這個董事長的崇拜者。

除此之外，日本的某企業在送客戶回去的時候，老闆一定會站在門口，誠懇地目送客戶，直到客戶的車子消失為止。如此一來，即使客戶在談話中有些不愉快，也不會帶著壞印象回去。

在相反的情形下，如果在結束之前的氣氛很愉快，但是在結束的時候，瞬間不愉快的氣氛可能會抹煞之前的好印象，例如：我曾經在某餐廳與朋友吃飯，菜色非常豐富，服務也很周到，朋友和我覺得很滿意，然而在結帳的時候，收銀人員卻把我和鄰桌的帳單弄錯了，要我付比較多的費用，我向他指出錯誤，但是他仍然堅持沒有錯，在經理出來核對以後，終於知道我的主張是正確的，但是我以後再也沒有去那家餐廳吃飯。

在我們的記憶中，有所謂的「記憶順序效果」。在一件事情的過程中，最初、中間和最後，對我們的印象差異很大。一般而言，記憶或印象可以深烙腦海，是最初和最後的部分，特別是最後一瞬間的印象不僅鮮明，而且會影響整體的印象，上述董事長和日本某企業就是最佳的例子。美國有一家連鎖店，店員經常說著一句口頭禪。客人來買東西的時候，不只是向客人說：「謝謝」，還會加上讚美客人的話，例如：「你真是有眼光」、「收到你禮物的人，一定覺得很高興」，只要加上這些話就可以留住客人，何樂而不為？

以責任代替管理

一個人被給予某種任務的時候，自己的思想和行為就會受到這個任務的影響。

在加州的某所中學曾經進行這樣的實驗：給「問題學生」冠上「年級代表」的頭銜，要他們對這個職務負責，並且藉此改正他們的行為。在這個學校裡，被任命為「年級代表」的「問題學生」，竟然會主動地說服其他學生規矩地上課。其實，每個人都有一種心理傾向，被給予某種任務的時候，自己的思想和行為就會受到這個任務的影響。

美國有一個心理學家，曾經進行一項實驗。首先，他讓學生們做一些無聊的作業，不久之後，有一些學生回家了，他對剩下的學生說：「在你們之後，有一些和你們一樣做同樣作業的學生在休息室等待，請你們對他們說明這個作業是多麼有趣。」這些學生把這個無聊的作業說得非常有趣。隔天，他把所有學生聚集起來，讓他們發表對這個作業的意見。結果，先回家的學生回答：「真是無聊」，負責說服工作的學生回答：「非常有趣」。

這就是「認知的誤差」──想法和實際行動有所差距的時候，思考會受到外在行為的影響。負責說服工作的學生，由於必須對第三者表現出自己是由衷地快樂，因此在思想上就會產生好像很快樂的錯覺。也就是說，在實際的行動上，會把感覺的判斷能力拉向實際行為中，自己的思想、意志、主張也會產生變化。例如在一家公司，如果讓沒有向心力的員工負責新進員工的訓練工作，教導他們要努力工作，不久之後，這些員工對公司的向心力會因為這種職務的賦予而提升，但是相反的，也可能具有反面的效果，就要看當事者如何去做！

受與給之間

在工作場所中，為了可以巧妙命令員工，不讓他們感覺是在接受，實在地給予他們自尊心，這是非常重要的。

在世界各國的語言中，最令人討厭的說話方式應該是「命令式的說話方式」。這是什麼意思？例如：主管對員工說：「難道你不服從我的命令」，再怎麼聽也覺得刺耳，又如：「這是我的命令」、「你只要聽命行事就好」。這種「命令式的說話方式」，非常容易招致員工的強烈反抗。

在一個團體中，主管與員工的關係經常是對立的，如果主管可以用禮貌的方式來對待員工，彼此之間的關係就會改善，使得員工有被尊重的感覺，對主管更尊敬和信任。如果可以用禮貌的方式，即使直接命令員工，也可以使員工不覺得是被命令而確實地實行。

在美國田納西州的州長選舉中，有兄弟二人同時出來競選。哥哥以親切的微笑戰術，尋求廣大的支持者，相對的，弟弟對於這些競選招術全部不用。只有上台演說的時候，佯裝一邊摸著口袋一邊對聽眾叫著：「你們之中，誰可以給我一支香菸？」

結果是要香菸的弟弟當選，因為「給」這個字，讓選民產生好像站在上方的錯覺，也可以說是使用「給」這個動作，使得心理立場改觀的手段。透過立場的逆轉，挑起選民的自尊心。在工作場所中，為了可以巧妙命令員工，不讓他們感覺是在接受，實在地給予他們自尊心，這是非常重要的。

反抗的心理

如果被別人指示或命令應該如何做的時候，就會本能地產生反抗的心理。

小時候，如果父母強迫我們用功讀書，我們就不會想要讀書，被規定「未成年不可以看限制級節目」，就會變得想要偷看。這種情況不僅限於兒童才會發生，如果被別人指示或命令應該如何做的時候，就會本能地產生反抗的心理。

日本有一個候選人，他的選舉就是運用這種反抗心理。在選舉活動中，各種選舉活動全部免除，甚至公開聲明：「我不希望你們把票投給我……我完全不希望你們把票投給我，甚至可以說，我根本不想當選。」然後就去國外度假，結果卻是高票當選，這就是運用這種反抗心理的成功例子。

如果有人去過迪士尼樂園，就會發現園中沒有菸灰缸。如果詢問園區管理員：「此地禁止抽菸嗎？」管理員的答案是：「此地沒有禁菸，菸蒂可以直接丟在地上。」可是園區四周非常乾淨，大概是因為清掃人員立刻清除垃圾和菸蒂的關係！但是，如果有人想要抽菸的時候，就會覺得把菸蒂丟在乾淨的地面上，實在說不過去。事實上，在迪士尼樂園，不知道是否因為這種心理作用，抽菸的人比想像中少了許多。雖然平時亂丟菸蒂已經變成習慣，但是如果被公開地說：「請隨意丟棄」，反而不好意思再亂丟。

有時候，對孩子的教育也可以如此，如果說：「給我用功讀書」，可能會產生反效果，可以說：「放心玩吧，沒有關係」，孩子被這樣說了之後，可能就會不好意思玩了。

主管對員工嚴厲斥責，員工的工作效率絕對不會提升，如果說：「可以不必那麼認真」，以反面的話刺激員工，因為員工知道業績與薪水成正比，所以主管相反的言語反而會激發員工的幹勁。

小處著眼，大處著手

無法滿足對方全部需求的時候，可以先滿足他目前的需求，不久之後，就可以使他忘記本來的需求。

許多計程車司機都有這種經驗：乘客把行李或是非常重要的物品，漫不經心地留在車上，這種情形大多會在趕時間或是尋找目的地的時候發生。順利到達的時候，緊張的心情突然緩和，沒有想到會忘記東西。人們有一種心理傾向：緊張心情緩和以後，或是眼前的需求被滿足之後，就會忘記原來的目的。

某個國家曾經發生飢餓的農民為訴求改革而向政府抗爭，此時政府如果處罰農民，農民一定會反抗，因此聰明的官員說：「有話慢慢說，你們大概也餓了吧？」先讓農民吃飽喝足，然後再與他們談判，並且懇切地說明政府的立場，最後壓制火爆場面。雖然只是一頓飯，我不認為農民的不滿已經排除，但是由於這種處理方式，農民暫時覺得滿足，願意傾聽官員的說法。

五〇年代初期，德國某家機車製造商以「機車非常堅固耐用」為訴求以推廣機車。但是由於當時汽車開始普及，竟然無法把機車銷售出去。

美國心理學家帝恩塔接受這家廠商的委託，進行行銷策略的調整，結果發現「堅固耐用」這個廣告詞，正是形成機車滯銷的原因。許多人認為，既然「堅固耐用」，不是等於「永遠要騎機車」嗎？消費者想要坐汽車的願望和這個廣告詞產生衝突。

所以，帝恩塔建議這家廠商將汽車與機車結合，在機車中加入某些汽車的機能，並且使它實行。結果，機車銷售竟然因此獲得成功。在這個例子中，機車製造商並非滿足消費者原本想要汽車的欲望，而是提供「類似性機能」使他們滿足，因此成功地讓消費者忘記本來的欲望。

如果你的孩子吵著要昂貴的玩具，可以用這種方式先滿足他目前的需求，不久之後，就可以使他忘記本來的需求，與其斬釘截鐵地駁回他的要求，不如先應付一番，這樣比較有效果。

使人難以說「不」

許多人應該都有這樣的經驗：要以說「不」來拒絕對方，感覺上一定會覺得不好意思。這種心理上的不愉快，就會引發出無意識中想要迴避「不」這種回答的心理。

美國的彌爾敦是世界著名的催眠專家，據說她對於催眠的對象，事先會準備一些使其回答「是」的問題，然後再使其進入催眠狀態。這種方法是：讓對方透過不停地回答「是」，逐漸形成無論什麼問題都會回答「是」。例如：

「你看起來很好！」

「是，託你的福。」

「妻子和孩子們很平安吧？」

「是，非常平安。」

「最近工作很順利吧？」

「是，很順利。」

「你是牡羊座吧？」

「是，我是牡羊座。」

這樣的問答持續下去之後，最後再進入主題。

「這次的調職，你沒有問題吧？」

「是……」

有些人會認為，這種方法真的可行嗎？如果再加上一些心理學上的說明，相信你們就可以理解。

許多人應該都有這樣的經驗：要以說「不」來拒絕對方，感覺上一定會覺得不好意思。這種心理上的不愉快，就會引發出無意識中想要迴避「不」這種回答的心理。

如果肯定說「是」的時候，不僅心理上會感到愉快，而且可以產生輕鬆感。說「是」

這個答案，在心理上是非常自然的。因此，如果有人持續引導回答「是」，就會在心理上形成一種「準備答案」，然後形成「是」的思想連鎖反應，因此無法由一個問題突然轉變為「不」。

許多公司在和客戶的對話中，背景會穿插音樂或美術等共同話題，就是已經注意到這一點。由此，再將話題轉到關於買賣的事情。這樣一來，由之前發展出來的共識，客戶就會難以拒絕，這就是利用「準備答案」的心理商業手法。

比較性的思考

別人說：「只要一些就好」，但是事實上，說出這種「一些就好」的客氣話，卻期待對方可以給得更多。

有一個銷售電腦的行家告訴我，銷售電腦的時候，他絕對不會在最初就在價格上交涉。他會先在價格上再加上維修費和施工費，提出比對方預期更高的預算。對方當然不可能立刻接受，於是開始討價還價，看看是否可以再便宜一些。

接著，在幾次的交涉以後，例如：「維修費打五折」或是「給你五％的折扣」的妥協。由於開始的時候提出高價，所以經過打折之後，就會感到便宜。但是事實上，即使是這樣打折以後仍然有利潤，可是對方想要購買之後卻不立刻簽約。

幾天以後，對方就會變得不安，看準對方的不安達到頂點的時候，勉強裝作不甘願的樣子和對方簽約。這樣一來，即使我們仍然有利潤，卻可以給對方一種滿足感，甚至確保下次的交易，這是由於人類心理中的相對效果產生的作用。運用這種相對效果的「欺騙的心理學」，是一般人不擅長的。例如：雖然想要求，但是客氣地說：「只要一些就好」，但是事實上，說出這種「一些就好」的客氣話，卻期待對方可以給得更多。

這種相對效果的技巧，在企業界的人事安排上經常被運用。例如：對於不答應調職的員工，主管會這樣說：「在決定調職的會議上，原本的決議沒有你，但是經過我的努力，終於讓你調職……」即使是謊話，也會因為主管這樣說而產生比較效果。這個時候，主管如果可以強調自己有多麼努力，或許還會引起員工的感謝！

第四話

關於奉承，古冊經典不知道告誡我們多少遍，然而總是沒有用。拍馬屁的人，總會在我們的心裡找到位置。

——克雷洛夫（俄國文學家）

Read Me &
You will Become Powerful

氣氛的利用

我相信，這一切都是月亮惹的禍。

一般來說，女性比較容易受到氣氛的影響。在星光燦爛的夜晚，男性對女性談情說愛，女方即使不喜歡男方，此時也會產生好感。但是實際上，受到氣氛影響的不只是女性，男性也會如此。下雨的時候，情緒低落；天晴的時候，心情愉快。造成氣氛的重要原因是時間和場所的各種因素，尤其是氣候，它是最重要的因素，而且很多人都會受到影響。

希特勒是一個善於利用氣氛的天才，他經常故意在美麗的黃昏裡演講，人們聽到其感性的詞句，就會沉浸於自我陶醉之中，這樣一來，希特勒就可以充分發揮獨裁的能力。這並非出於偶然，主要是他有詳細的計畫和善於利用人類容易沉醉在氣氛中的心態。

下雨的夜晚，是最好利用的時段，這句話怎麼說？因為下雨的時候，人類的活動力會降低，許多人不想出門，因此會感覺憂鬱或是身體沉重，做任何事情都會無精打采，如果想要催促他們做某些事情，不如在天晴的時候比較容易。

相反的，如果在雨夜中提出離婚要求，就可以順利進行。女性比男性更容易受到自然條件的影響，在下雨的時候，生動的現實感已經被雨包圍，自己就像悲劇中的女主角，降低對離婚的抗拒，在非現實狀態中，就會答應離婚的要求。

利用疑問的形式

如果你願意幫助我，我會感激不盡……

有一天，我去拜訪一個朋友，朋友的妻子只對孩子說一句話，孩子就高興地幫忙。我發現這個母親的秘訣在於她不是用命令的口吻說：「去洗盤子！」而是用疑問句：「誰要幫媽媽洗盤子？」有些人會懷疑，這樣說孩子會聽話嗎？如果用命令的口吻來強迫孩子，到底哪個效果比較好？

人們在被別人強迫的時候，心理上會產生反抗。「自動自發」和「被強迫做事」效果自然不同。被強迫做事，心理上會不服氣，所以不要直接命令，改用疑問的形式，讓孩子選擇答案，自己主動幫忙，這樣不會給孩子強制的印象，孩子也不會產生反抗的心理。

改變口氣的技巧，在大人身上也同樣適用，例如：對方不願意接受的工作，可以這樣說：「你願意幫我做這件事情嗎？」

某公司的主管派遣員工做事的時候，都是使用這種方法。他會慎重地走到員工面前說：「如果你願意幫助我，我會感激不盡……」員工只好說：「好！」把命令用間接說法，對方不會感到被強迫，但是如果經常使用，可能會讓員工輕視！

改變對方的決定

三人成虎，一個人說三次也可以成虎。

我曾經找二十個國中生做實驗，這個實驗相當簡單，只是拿兩條一樣長的線給學生看，讓他們回答哪一條線比較長。但是在這二十個人之中，被實驗者只佔二分之一，其他十個人是引誘者，並且先告訴他們，實驗的時候要說「右邊的線比較長」。

前面十個學生都說「右邊的線比較長」以後，第十一個學生開始，也就是真正的被實驗者的十個人之中，有九個人說「右邊的線比較長」，可見他們是以前面十個人的話為憑。

這個實驗強調的是團體壓力，讓原本的思想產生扭曲。在實驗中，被實驗者會覺得兩條線一樣長，但是由於自身判斷和團體判斷有出入，心裡會覺得不安，結果最後順從團體判斷，以消除心中的不安。

如果其他人都指鹿為馬，你也會逐漸覺得鹿已經變成馬，這是人類心理的一般傾向，因為團體的力量會擾亂原本的判斷力，使鹿被視為馬。此時，即使有一個人主張是「鹿」，也是於事無補。除非這個人具有足夠的勇氣反對團體的力量，並且具備堅強的自我意識，對自己的判斷能力充滿信心。

前幾天，我看到一則漫畫——辦公室的所有員工聯合起來，把辦公室的時鐘撥快一個小時，然後對主管說：「現在已經六點了，應該下班了！」主管看了自己的手錶以後說：「現在是五點啊！」但是所有員工異口同聲地說是六點，主管笑著說：「我的手錶應該送去修理了！」於是所有員工比平常早一個小時下班。

由這則漫畫可以知道，團體的力量有多麼巨大！經過戰爭浩劫而生存的人都說「戰爭是不對的」，但是現在仍然有許多人拿著槍桿，上戰場廝殺。

奉承的好處

奉承話是任何人都無法拒絕的。

知道對方在奉承自己，可是人們就是喜歡，心裡就是覺得舒服。無論是不是信心十足的人，都會偶爾感到不安，希望有人可以否定這種不安的感覺，於是奉承話就滿足這種欲望。在理性上，知道對方說的是謊言，但是心裡就是覺得舒服。

主管分配工作給員工的時候說：「這個工作，只有你可以擔任！」在職務調動的時候，對調職的員工說：「只有你適合！」這樣的方式會讓心裡的不安全感消失，從新的職位中重新肯定自己，並且感到快樂。

接觸的頻率

只要無限的關懷，就可以獲得對方的青睞。

在以女大學生為對象的問卷調查中，有百分之七十的女學生回答：「每天打電話比一個星期見面一次更容易產生親密感。」

在現代社會中，女性積極追求男性不稀奇，但是提到戀愛，女性的感情比較經得起考驗。即使是處於「被動」地位，只要男性無限關懷，就可以獲得女性青睞，這種關懷的尺度來自接觸的頻率。

無論對方如何殷勤體貼，女性對一個星期見面一次會有不安全感，覺得其他六天對方在做什麼？不見面的時候，對方是否也會關心自己？或是會去找其他女性？在這一點上完全無法掌握，但是如果每天打電話，女性就會覺得：「我對你的愛，至死不渝……」

身體的接觸，可以消除對方的戒心

「接觸」會讓人產生親密感。

如果想要和女性進一步交往，男性多半不會採取隔著桌子和女性說話的方式。即使不是花花公子，也應該知道和對方併肩而坐才可以自然地接觸對方。因為接觸對方身體的時候，心裡會自然產生親密感，女性邏輯思考的能力比較差，經常會用直覺來判斷，所以這種方法十分有效。

在女性的專賣店中，也可以用合法的手段來接觸對方的身體，例如：女鞋店的店員讓客人試穿鞋子的時候，會問她：「是否太緊了？」然後輕輕碰觸她的腳踝。此外，百貨公司女裝部的售貨員，會幫客人拉上背後的拉鍊——身體的接觸，可以消除對方的戒心，使售貨員有驚人的業績。

但是，對女性如此的攻略法，稍有不慎就會有反效果，因為如果對方感到噁心或討厭，辛苦建立的關係就會在瞬間崩潰。之前所舉的例子中，對女顧客大多可行，但是也有完全不領情的女顧客，這個時候不要勉強她們，以免招致反感。

抽象存在的被害者

對抽象的存在，人類會失去罪惡感。

一個人在一生中，不可能完全沒有犯罪行為，例如：在火車上逃票就是犯罪行為。但是可以詢問曾經在郊區通車的學生，不曾逃票的人是少數中的少數，但是他們不會偷東西。

為什麼人們會對逃票沒有罪惡感？第一點，「被害者是誰？」沒有具體形象，是鐵路局嗎？但是對象範圍過大，更何況組織給人們的感覺只是抽象的存在。

對抽象的存在，人類會失去罪惡感，以保險為例，許多人會坦然接受，因為這是保險公司支付，符合心理學上的說法。

這一點，暴露人類醜惡的一面。在心理學家米格的著名實驗中，兩個被實驗者分處在一牆之隔的兩個房間，然後互相問對方問題，如果對方答錯就予以電擊。這個時候，對方答錯一次就增加電壓，有時候已經超過規定的電壓。

如果他們是在同一個房間，情況就會改變，不忍心看到同伴呻吟的模樣，即使不認識對方，也無法坦然予以電擊。

由這個實驗可以知道，稍微改變「角度」就會使人們良心麻痺，但是我不建議做不人道的事情。一些盜領公款的人認為這樣不會影響別人，但是事實上影響的範圍之大，是他們料想不到的。

為了你

任何人都希望「別人可以關心我」。

不管是哪一所小學，新學期開始的時候，老師都會記住學生的名字。對孩子來說，老師可以記住自己的名字，表示老師的愛與關懷，對老師的緊張感也會解除，進而信任老師。相對的，老師如果可以得到學生的信任，就可以提升學習效果，順利地帶動班級。

不只是孩子，任何人都希望「別人可以關心我」，這是因為：別人關心自己，可以激發自己的自尊心。

有一次，我到某公司拜訪，接待小姐第二次見面就記住我的面孔和名字，我對這個接待小姐產生好印象，甚至對這家公司產生好印象。這就是由於對方對自己的關心，進而產生好印象的緣故。

有些銷售員會記住顧客的名字，而且可以抓住人心，使他們產生想要購買的欲望，並且會強調「為了你」，而不是「為了你們」。

實際上，「因為是你，我才會叫你買」或是「你穿這件衣服非常適合」，「For You」是銷售上的基本技巧。雖然知道是銷售技巧，但是仍然會覺得非常舒服。

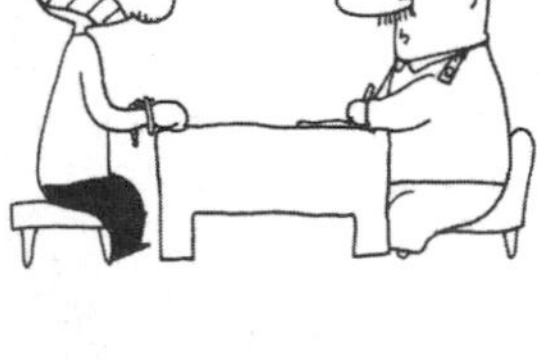

讓對方加入自己的陣線

有共同的行動目標，就會產生強烈的行動意識。

在聚餐的時候，可以看到一些人勾肩搭背，他們大多數是從前部隊或是學校球隊中的夥伴，忘記自己職位的高低，一起笑鬧玩樂，因為他們曾經同甘共苦，所以心理上有強烈的夥伴意識。

一起吃喝、登山、游泳的人——都是夥伴，也許立場不同，但是有共同的行動目標，產生夥伴意識，所以無論時間的長久，這種意識都會非常強烈。

考慮人心的特性，就可以將不合作的對方加入自己的陣線。一個成功的房地產經紀人說：「平常賣房子都需要幾天時間，如果是顧客自己把所有的文件打開，就是成功一半了。」——用意何在？

這是讓對方在無形中加入自己的行為。在分配文件的時候，互相得到共同經驗，心理上引誘對方到自己陣線，如此一來，成功率就會有三倍之高，所以團體意識的秘訣在於：在對方心中種下夥伴意識。

在公司開會的時候，對於反對自己意見的人，可以若無其事地請他們裝訂文件，例如說：「請你用釘書機裝釘文件」、「請你把資料發給其他人」，在不知不覺中，讓對方加入自己的集團中。

把不需要變成需要

「最後機會」的想法，會讓人們買下一些不需要的東西。

參加旅行團在國外旅行的時候，都會將購物的時間安排妥當，如果時間不夠充分，還會引起團員的不滿。所以，在機場中經常會看到許多觀光客，身旁放著堆積如山的行李。

我在國外買東西也曾經吃虧上當，但是為什麼到了國外就會拼命購物？我覺得最重要的一點是——對任何人來說，到國外旅行是特別的經驗——也許以後沒有機會再來，為了害怕失去這個「最後機會」，所以買下一些不需要的東西。

使產品非買不可，這是商人做生意的重點。我曾經有這樣的經驗：在家的時候，聽到門外有人喊：「有人在家嗎？」有一個推銷員進來，我問他：「有什麼事情？」他說：「先生，我帶來烏賊和鮑魚，今天的生意不錯，只剩下這些，便宜賣給你吧！」我看看貨色，覺得很新鮮，他又說：「只賣你三百元！」於是，我掏錢買下來。

東西確實很新鮮，三百元也不算貴，但是我十分佩服這個推銷員，他巧妙地抓住人心。「是否要買」、「我已經帶來」、「今天生意不錯，只剩下這些」，對方這麼說，就會產生興趣，再加上覺得不吃虧，即使目前不需要，也會買下來。

貴的就是好的

一般的感覺，似乎越好的東西，價錢越貴。

一個盆栽園藝店的老闆告訴我：「價錢訂得越高，東西銷售得越好！」雖然我不知道他的昂貴與便宜的標準在哪裡，但是我對他說的話很有興趣。

他因為店裡便宜的盆栽賣不出去，覺得非常煩惱。後來，他靈機一動，在盆栽的價錢後面多加一個零，結果銷售非常好。這實在有些可笑，但是這種情形屢見不鮮，例如：手上戴著便宜鑽石的暴發戶、把假畫掛在客廳的老闆，這樣的人確實很多！

似乎越好的東西價錢越貴，所以提高商品價錢，銷售率反而提升。但是要注意的是：並非「貴的東西就是好東西」，尤其現代人非常注重品牌，認為名牌產品就是好貨，對這些品牌絲毫不懷疑真假，所以贗品層出不窮。

以前在電視上曾經有一個實驗：在一些廉價手帕中，有一條手帕貼上瑞士商標，然後問消費者哪條手帕比較好？結果他們回答：「瑞士製品比較好，布料、圖案、觸感都很好。」相反的，如果把真正瑞士貨的商標拿掉，價錢訂得很便宜，所有人就會批評這條手帕的缺點。只注重商標名稱和價錢高低，沒有基本的知覺，這也是現代人的悲哀吧！

自己人批評自己人

自己人批評自己人，是一種消弭對立的方法。

婆媳對立的時候，丈夫如果袒護妻子，婆婆會覺得兒子被媳婦搶走，心中的芥蒂會更大。如果丈夫故意在婆婆面前批評妻子，婆婆的不滿由兒子代為說出，婆婆就會覺得：「兒子已經責備媳婦，我就不要再責備她！」

每個人都有惻隱之心，無論對方多壞，如果對方站在明顯的不利狀態，就不會再斥責他。在司法判決的時候，如果罪犯已經受到社會批評，人們就會覺得他已經接受制裁，希望可以減輕罪刑。所以，自己人批評自己人，是一種消弭對立的方法。

多利用「共同點」

「共同點」可以使人們的猜疑心麻痺。

對初次見面的人表現出親密的樣子，會讓人有「存心不良」的感覺，但是以採訪為工作的記者，快速走進別人的生活領域，就是必須要做的事情。

因此，有經驗的記者進行採訪的時候，會依照情況更換服裝，盡量配合對方生活環境的氣氛。在說話的時候，也會強調彼此的共同點，如果對方說「我住在哪裡」，就會接著說「我的朋友也住在那裡」，找出共同點以後，關係會更進一步。

「共同點」可以使人們的猜疑心麻痺，最近有一些詐欺犯，利用學校的名義以接近學生，行使詐欺的手段。

所以說，「共同點」和「共同經驗」可以麻痺對方的猜疑心，使對方相信自己。

想要成功，就要先籠絡反對者

把反對者變成贊成者，無形中，這個人就會成為自己最有力的助手。

在推銷界中，「買主就是推銷員」是重要的法則之一。例如：反對買車的家庭主婦，推銷員會先說服她們，讓原先反對的她們變成自己的朋友。

反對者都有其極端的反對理由，如果把所有的意見集中在這個人強硬的意見上，反抗力量會變得越強，此時可以把反對者變成贊成者，以有效的方式來說服，這個人就會成為自己最有力的助手。

被稱為「經營之神」的松下幸之助深諳此道，使工會領袖成為自己的信徒。

松下電器的工會主席——後藤先生，在自己著作的《挨罵手記》中，指出自己當年如何由反對者變成贊成者。當時的松下組織中，有「步調一致」的委員會，建議員工上班要穿花襯衫、戴圍巾和帽子，但是很多人反對這個提議。

反對最激烈的是後藤先生，松下幸之助先生將其巧妙說服以後，再命令他去說服其他反對者。後來，後藤先生回憶：「他大概知道我是反對者的領袖，所以故意先對付我吧！」讓反對者的領袖去說服其他反對者，這個方法確實高明，難怪松下電器從來沒有勞資糾紛。

第五話

如果他真的相信美德與邪惡之間沒有分別，在他離開以後，我們應該要清點一下餐具。

——約翰生（英國文學家）

「道理」不是解決問題的唯一方法

發生糾紛的時候，先聽完對方的話。

英國律師莫內曾經寫過一本傑出的傳記小說《薩姆・耶森傳》，書中有一些錯誤，某婦女發現錯誤去找莫內理論：「你怎麼犯下如此重大的錯誤？」莫內笑著說：「對不起，我覺得十分羞恥。你找到的錯誤，我真的完全不知道！」莫內坦白地承認錯誤，使怒氣沖沖的婦女高興地回去。

如果在對方激動的時候想盡辦法說服，會使對方更生氣。所以，發生糾紛的時候，先聽完對方的話，再利用時間說明自己的道理，對方就可以輕鬆地瞭解。

有些人到電信局查詢電話費，電信局員工經常會回答：「這是由電腦控制，應該不會出錯。」或是「可能是你不在家的時候，你的兒子打色情電話。」這種說法無異是火上加油，引發更嚴重的衝突。

我對這些員工說：「你們應該先傾聽民眾抱怨，等一下再進行交涉。」任何事情不可能先用道理來平息怒火，因為這樣只會把事情越鬧越大。

利用小聲音

斷斷續續的偶發聲音，會使人們的意識擴散，無法集中。

我因為工作上的需要，經常在群眾面前演講，但是在演講的時候，會因為意外的騷擾而有些不知所措，暫且不提那些故意惡作劇的不良少年，影響我的只是一些小聲音，例如：手機的鈴聲，而且話題中斷以後，不容易再繼續下去，不僅僅是我，很多演講者也有類似的經驗。

斷斷續續的偶發聲音，會使人們的意識擴散，無法集中，就像動物經常側耳傾聽聲音的反射性動作，意識的擴散會使思考中斷。不妨注意一下，在一個音樂洋溢的咖啡廳裡，服務生把咖啡送來的聲響，也會使人們暫時沉默。

偶發的聲音會使思考中斷，也會使喜歡說話的人變得沉默。例如：某公司的會議，會將特別有意見的人安排坐在主席的兩側，使主席與其視線不容易接觸，在被忽視的情形下，他們不便多說話，如果還是想要發言，主席會故意將硬幣掉在地上。聽到「噹」一聲，想要發言的人也會變得沉默。趁此機會，主席立刻改變話題。

如果對方發言的時候，在他說到一半的時候說：「你說的很有道理」，然後打斷對方的發言，讓會議繼續進行。

探測對方真心的方法

人們會帶上別人的假面具，說出自己的真心話。

對方在想什麼？煩惱什麼？要求什麼？想要知道他的真心，就要讓自己處於有利的立場，在對方心裡造成間接投影，以看起來與對方無關的舉動，探測對方的真心。

心理測驗有一個「投影法」，是將模糊不清的資料給對方看，然後聽對方如何解釋，藉以瞭解對方的深層心理。

例如以孩子為對象的測驗，一張圖中有幾隻松鼠：在台上接受喝采的松鼠、在台下鼓掌的松鼠、被排斥的松鼠。將這幅畫拿給孩子看，告訴他們主角松鼠名字是「安安」，並且問他們「誰是安安？」然後以孩子的判斷來揣測其內心想的事情。

在日常生活中，如果一群人背著一個人說悄悄話，恐懼感強烈者會覺得別人在說自己壞話，優越感強烈者會覺得別人在說自己好話。人類會在無意中投影出自己內心深層的心理來感受事物。

不必問對方真心，也不要讓他知道，就可以知道他在想什麼的最快捷方法，就是對想要知道的主題以別人意見讓對方說。例如：想要知道對方對「性」的看法，就問她：「你周圍的年輕女性，對性的看法如何？」她因為不是自己意見就會侃侃而談，但是同時也間接暴露自己對性的看法。

如此一來，即使是無法直接說的話，對方也會帶上別人的假面具，說出自己的真心話。

我也是這麼想

將別人提出的構想，當作自己的構想。

一些人在說話的時候，如果其中一人公布自己的獨家消息，一定會有人說：「我早就知道了」或是「我本來也想說」，但是說這些話的人，並非真的知道或是有此想法，只是不服輸，利用這種方法使對方感到沮喪。

在開會的時候，主管得意地提出自己的構想，有員工會覺得「這是我上次向主管建議的」，但是不便在眾人面前指責主管竊取自己的構想，而且別人也不會相信。想要對付這種人，可以將心理法則反過來應用，將別人提出的構想，當作自己的構想。

我認識一個編輯，高明地運用這種方法。為了充分發揮自己的能力，他在開會的時候，都會保持沉默。等到其他人說出自己的意見，他會說：「某人的意見，我也在思考中……」然後增加一些自己的意見，最後就會採用他的意見。現在，他已經被認為是擁有企劃能力的天才。

換一個角度來看，將沒有正式確定的計畫歸納整理，也可以說是真正的企劃家。

每個人都有教訓的本能

想要解除對方的戒心，就要利用人類的教訓本能，變成一個「討教的魔鬼」。

每年新員工報到的時候，公司的老員工都會十分開心，因為此時在自己面前會出現許多討教者。一些平常孤僻的人，此刻身旁也會有許多洗耳恭聽的新員工。由此可知，只要是人就有「教訓的本能」。

不僅是老員工，每個人都希望別人向自己請教。因此要利用對方，就要滿足其教訓的本能，讓他得到優越感，只要自己改變地位就可以。在發表論文的時候，你或許會對教授說：「敬請教授不吝指教」或是「希望教授批評指教」，這也是使論文的評審委員可以對自己產生好感的方法。對方向自己請教的時候，即使知道是客氣話，也會放鬆審核的標準。

換句話說，如果想要解除對方的戒心，就要利用人類的教訓本能，變成一個「討教的魔鬼」。

這個方法最有效的就是對付閱歷豐富的老人。老人比較頑固，喜歡批評別人，但是反過來看，他們也是因為想要傳承經驗，所以「教訓的本能」比一般人更強烈。

為了刺激有經驗者的教訓本能，不管他如何斥責，都要保持請教的姿態，如此就可以得到對方的關心，更可以因此而獲得成功。

射將不如射馬

想要對付麻煩的對手，應該先從他的「馬」下手。

不久之前，一個朋友上了推銷員的當，買了一套昂貴的兒童學習教材。我聽了上當的過程之後，覺得這個推銷員確實技高一籌。

推銷員不說明自己的身分，而是問主人家中孩子的去向：「XX在不在？」他的妻子以為是補習班老師，就請他進來，孩子未曾有大人找他的經驗，即使不認識也覺得非常興奮。然後，推銷員對孩子說明學習教材的用法，孩子具有好奇心，推銷員又說很多學生也有買，所以他也想要買。

「你的孩子對這套教材非常有興趣，要買一套嗎？」這個時候，孩子說：「媽媽，幫我買一套！」天下父母心，為了孩子，就會答應他的要求，而且推銷員不斷強調「對學習有幫助」，平時錙銖必較的妻子就買了。

不久之後，孩子逐漸厭倦這套教材，後來朋友向附近鄰居打聽，原來鄰居也買了一套。

「欲射大將，應該先射他的馬。」這是放諸四海皆準的真理。再麻煩的人，也會有其弱點，例如：對方心愛的妻子、女友、孩子，就是所謂的「馬」。所以，想要對付麻煩的對手，應該先從他的「馬」下手。

人們不會接受對自己不利的訊息

一般人不會相信壞的訊息，否則就會懷疑訊息的可靠性。

有一個研究生，因為朋友的感情問題而煩惱。他的朋友二十五歲，目前任教於補習班，而且正在準備司法官的考試，是一個純真忠厚的年輕人。

有一天，這個年輕人去研究所拜訪朋友，對研究所的助教一見鍾情，研究生成為兩人的月下老人，但是在打聽之下，知道女方已經有未婚夫，無法再接受這個年輕人的感情。但是年輕人的熱情絲毫未減，每天寫情書和買禮物請研究生代為轉交，使女方十分為難，於是對研究生說：「你這樣做，實在讓我非常為難！」研究生對那個年輕人說，可是年輕人卻認為

「沒有那回事」，以為是研究生欺騙他。

這個年輕人的心理，在心理學上稱為「認知的不協調」，完全不接受對自己不利的訊息。一般人不會相信壞的訊息，否則就會懷疑訊息的可靠性。

我有一個朋友，是有名的花花公子，他經常得意地說：「我是一個多情種子！」也經常在妻子面前說這件事情，而且刻意渲染自己在外面拈花惹草的行為。

一般而言，丈夫有外遇會嚴重影響夫妻之間的感情生活，但是這個朋友坦白的態度，卻使他的妻子以為：「又在瘋言瘋語！」左耳進，右耳出，完全不放在心上，這個朋友也樂此不疲。

忠厚老實是騙子的表象

想要使對方毫無防備，自己就要裝糊塗。

幾個月以前，我在任職的大學附近一家電器行買了一些電器。剛開始的時候，我討價還價地說：「我要買這些東西，但是你必須算我便宜一些！」但是老闆以濃重的鄉音回答我：「這些東西已經很便宜，不要再討價還價！」

和他談話的時候，我覺得他忠厚老實，對他非常信任。他用獨特的鄉音說：「你住在哪裡？在哪裡上班？」他的口音令人感覺親切，於是我失去戒心，老實地回答所有事情。

一般人可能會認為，能言善道的騙子比較容易博得女人的歡心，但是事實正好相反。受害的女性，大多是超過適婚年齡或是面貌奇醜，與相貌平凡而談吐木訥的騙婚者正好相配，於是這些女性就會失去戒心。

看起來不計較的人，正是騙子的最佳實踐者。所以，想要使對方毫無防備，自己就要裝糊塗。

緩急交替法

先提出嚴厲條件，把對方逼到心理上的死角，再由另一方提出妥協案，對方就會開始接受。

我曾經看過一部偵探電影，劇中高潮處在於刑警詢問嫌犯的技巧：先用威脅的口吻使嫌犯走投無路，再用甜言蜜語的態度，使嫌犯承認罪行。

刑警在詢問嫌犯的時候，可能不會像電影那麼極端，但是使用同樣的手段。扮黑臉的刑警會對嫌犯說證據已經齊全，而且從犯已經承認，給嫌犯巨大打擊。這個時候，嫌犯的心裡會產生反抗。

接下來，就是「白臉刑警」出場。他的態度是一百八十度的不同，會安慰嫌犯「我瞭解你的心情」、「我們會秉公處理」，給嫌犯溫情的擁抱。在這樣反覆的波形攻擊下，嫌犯幾乎都會向「白臉刑警」承認罪行。

這是心理學上的「緩急交替法」，用一緩一急的交替來詢問事情。也可以是一人兼二職，先把對方逼到死胡同，然後故意當其心裡的逃路，如此一來，所有人都會跑向逃路！

這不僅適用於詢問，在工作和交易的時候，也可以運用這個技巧。討論的時候，如果自己是發起人，不要透露自己的本意，可以先以二人一組與對方討論。一個人先提出嚴厲條件，把對方逼到心理上的死角，再由另一方提出妥協案，對手就會開始接受。如此一來，就可以使對方以極低的條件答應此事。

間接的誇獎

對相貌醜陋的女人不要說謊。

「對待美女或醜女的時候，要誇獎她的性格；對待相貌普通的女人，要誇獎她的容貌！」因為對美女說：「你很漂亮」，她會覺得「又是這一套」；對醜女說：「你很漂亮」，她會因為你在說謊而生氣。相貌普通的女人覺得自己只和美女差一些，所以喜歡一些美麗的形容。

但是，現代的女性已經不像以前那麼單純，我們應該如何刺激女人心？效果最好的方法是——誇獎對方沒有發現的優點，或是間接地誇獎。

有一個攝影師以專門拍攝女明星而出名，女明星感到緊張的時候，他會說：「你的耳朵真是漂亮！」因為對方從未想到這個優點，所以表情十分自然，此時已經對他產生信任感。

直接誇獎女性「你很漂亮」或是「你很善良」，對方雖然會非常高興，但是多半會不好意思，甚至因此產生戒心，覺得我們存心不良。因此，如果採取不直接誇獎而間接刺激對方，對方比較容易接受，而且表現越「間接」，抵抗力就會越弱。

耐性攻擊

在交涉的時候，「有耐性者」會贏，這是不能忽視的心理戰。

我在雜誌上看到一篇《如何買便宜衣服》的文章，建議女性到商店看到自己喜歡的衣服要不動聲色，和店員商量把許多衣服拿來試穿。店員覺得厭煩的時候，再把自己喜歡的那件衣服拿起來說：「我買這件衣服，多少錢？」這個時候，即使是不打折的商店也會因為覺得浪費太多時間，如果顧客不買就虧大了，於是答應打折。

在交涉的時候，「有耐性者」會贏，這是不能忽視的心理戰。一方有耐性，另一方的判斷力就會降低。此時，為了突破僵局，即使是不利的條件，也會全部接受。

以「一句閒話」消除對方的氣勢

改變話題，就可以消除對方的氣勢。

雙方因為某件事情而產生衝突的時候，可以立刻著眼於完全不同的訊息。在這個瞬間，雙方緊張的氣氛就會降低。就像「壓力鍋」上的小洞，可以使壓力快速減少，因為這個小洞，可以使醞釀中的壓力立刻消失。

這樣的方法，可以使用在逃避對方嚴厲指責和消除對方氣勢的時候。例如：被對方嚴厲指責的時候，忽然冒出一句：「現在幾點？」或是「你的眼鏡，我看了很不習慣，度數適合嗎？」使對方無話可說。如果雙方繼續辯論，彼此會更生氣，如果這個時候改變話題，就可以消除對方的氣勢。

讓自己成為評判者

運用「誇獎」和「責備」得當，就是合格的主管。

最近「君不君，臣不臣」的例子很多，員工為什麼不服從領導？主要是因為主管的態度。

讓員工意識到上下關係有很多方法，最壞的方法是使用自己的權力不承認對方的存在，經常責備員工，並且要他們去做自己的事情。然而，這只是「敢怒不敢言」，等到員工反抗以後，就會不得翻身。

另一方面，也有主管否定自己的權威，不在乎上下關係，接受員工的意見，讓他們盡情發揮。事實上，這兩種類型的主管做法雖然不同，但是有一個共同點——對員工沒有具體評價。一種是經常責備員工，一種是盡量誇獎員工，卻沒有一般人的標準評價。

如此一來，員工就不會服從，只會無謂的畏縮。如此的支配與被支配的關係，都不是正常的。所以，合格的主管會給員工複雜的工作，然後責備他們；也會給員工簡單的工作，然後誇獎他們。這個做法會刺激員工工作的幹勁，讓員工意識到支配與被支配的關係。

只給他一些訊息

想要保住領導者的地位，要給員工訊息的時候，只要一點一滴的指示。

曾經有一個著名的實驗，這個實驗是以男童軍為對象，分別使其面臨專制領導者和民主領導者的管理，然後觀察他們的反應。在專制領導下的隊員，會考慮自己的利益而罔顧組織的利益，直接和領導者結合。例如：做紙面具的時候，專制領導者不會說明作業的目的，只是分配黏漿糊和剪紙的工作，但是民主領導者會說明作業的目的，讓他們互相分配工作。

實驗的結果發現：在專制領導下的隊員，彼此之間不會合作，只會討好領導者。

所以從實驗得知，想要保住領導者的地位，要給員工訊息的時候，只要一點一滴的指示，最重要的訊息要完全封鎖，使員工對工作產生興趣。但是如果考慮到工作效率，採用民主領導的效率比較好。

先打招呼，先佔優勢

侵犯到對方身體領域的時候，對方就會成為被動狀態。

有一次，我聽到一個外交官說了一個有趣的故事。這個外交官要送一份抗議文件到某國領事館，這個國家的領事館都會壓住抗議文件，於是外交官想出一個妙計來對付。

由於東方人比較矮，和外國人打招呼的時候會有一些自卑感，如此一來，就會降低抗議文件的份量。反過來說，如果自己在打招呼的時候先佔據優勢，就可以隨心所欲。

他對要交涉的外交官打招呼的姿勢進行詳細研究，得到以下的結論：對方出現的時候，自己立刻上前和他握手，如果對方先伸出手就會輸，比對方先伸出手就可以迴避不利情形。

所以最初的會面，輸贏就在這個瞬間決定。結果十分順利，對方收斂以前囂張的態度，抗議文件也傳達到政府高層，符合外交官的要求。

我對外交官的漂亮手腕佩服之至。在心理學上，也有「肢體語言」的理論，如果侵犯到對方身體領域的時候，對方就會成為被動狀態。也就是說，如果對方的身體領域被侵犯，對方心理上會產生防衛本能，處於劣勢。先打招呼，可以先侵犯對方的身體領域，就會站在勝利的一方！

背向光源

背向光源的時候，會使自己比實際上更強大。

宮本武藏是日本歷史上非常著名的劍客，不僅劍術好，還有很多不凡的地方，例如：和佐佐木小次郎的巖流島之役，就是最有名的例子。他故意遲到一個小時，使對方精神動搖、集中力降低。在比鬥的時候，他故意背向光源，此時夕陽已經緩緩下沉，他紋風不動地佇立著，夕陽正好照射在佐佐木小次郎的面孔上，使他眼睛疲勞。更因為背光的關係，使自己看起來比實際上更強大，在心理上居於優越地位。

因為背向光源的緣故，對方看不清自己，可是自己卻看清對方，讓對方感到恐懼不安，心理上產生挫折感，這個時候不須比鬥，勝負已經分出。

歐洲國家的董事長辦公室都是在重重包圍中，白天從窗戶照進來的光線，正好射在董事長的背脊，增加其威嚴性。到了晚上，他們會把辦公室的燈光盡量減少，只在董事長背後的窗戶上設置光源，這些公司對室內設計下了許多功夫。

如此的利用光源，可以使自己比實際上更強大，對方就會進入自己的掌握之中。

鞏固自己的角落地盤

想要使自己更強大，就要坐在房間的角落裡。

一般辦公室的位置安排，幾乎都是把員工安排在前面，主管坐在最後面，因為這樣的方式，主管可以看到員工的工作情形。家中有客人的時候，會請他坐在最裡面的位置，主人坐在出口處。這樣的方式，就是依照所坐的位置，突顯出自己的強大與實力。

在最近舉辦的雞尾酒會中，財界鉅子和政治人物都是被人們包圍在四個角落，他們向對方打招呼以後，會神態自若地穿過人群，然後再回到角落上。中央部分放置很多菜餚，但是站在那裡的都是實力不足的人。所以，如果想要使自己更強大，就要坐在房間的角落裡，千萬不要坐在中間。

公司發生派系紛爭的時候，如果想要選擇領導者，就要看清對方的實力。例如：在宴會中，無法鞏固自己角落地盤的領導者，千萬不要跟隨他，否則你的實力也會被低估。

故意忘記對方的名字

如果想要佔據上風，可以故意忘記對方的名字。

有一個製作人說：「無論是歌手還是演員，在還沒有嶄露頭角的時候，都不能算是一個完整而獨立的個體。『那個叫什麼的』或是『那個演技不好的』之中『那個』字眼被去除的時候，才可以稱為明星。」

人們的稱呼是相當重要的，說得更清楚一些，別人不認識你的時候，你就是無名小卒。

相對的，如果自己想要佔據上風，可以故意忘記對方的名字。

對自己討厭的人說：「你叫什麼名字？」可以傷害對方的自尊，因為這句話的意思就是：「我對你的名字不屑一顧」，使對方的存在變得渺小，使自己的存在變成一個巨大的投影。

同樣的，如果對方想要以其職位和立場來壓制我們的時候，我們應該如何對付？警察以問嫌疑犯的口氣詢問我們，或是我們受到不當的交通取締，我們可以先問對方的名字，把立場上下關係反轉過來，使其成為普通人，讓對方知道，追究責任有一定標準，不可以隨便敷衍行事。

別人沒有的

將別人沒有的一面表現出來，很容易吸引別人。

在一個酒吧中，有一個不帥不高的男孩受到女性歡迎，但是他並非用金錢獲得她們的歡心，為什麼他有如此的魅力，讓許多女性為他著迷？仔細觀察以後，就會發現：他會彈鋼琴，而且會唱法語歌曲。

我問一位女性，他的職業是什麼？她回答：「他經常來這裡，但是沒有人知道他的事情！」我聽到這句話以後，就瞭解他的魅力泉源。吸引別人的魅力在於神秘感，以及比別人優秀的一面，他就是巧妙地表現出這兩種意識。

如果他是音樂家或詩人，彈琴吟詩就不稀奇，可是問題在於：沒有人知道他的職業，其存在就十分神秘。人類有好奇心以及想要知道神秘事情的欲望，神秘的面紗掉落之後，關心的程度也會消失，所以受到女性歡迎的男性，都有其神秘的部分。

他彈鋼琴唱法語歌曲，彷彿是法國紳士，這是一般人無法做到的事情。想要吸引別人，就要將別人沒有的一面表現出來，繪畫和音樂的藝術知識，雖然只是片段，但是也可以吸引別人。

讓對方認為你是一流的人物

利用「光環效果」，讓別人認為你是一個大人物。

在美國的華爾街有各式各樣的投機客，有一個經紀人在自己辦公室的牆上掛著石油大王洛克菲勒的相片，結果變成許多富翁的經紀人。他從來沒有說過：「我認識石油大王！」可是人們都以為他們有密切關係，而且知道很多商業訊息，於是成為他的顧客。

無論任何人都會尊敬權威者，或是以結交上流人士為榮，如果身上穿著高級服飾，就會被認為是上流人士，在心理學上稱為「光環效果」。很多詐欺者就是利用光環效果來欺騙別人。

我的朋友是一個藝術機構的主辦人，略帶一些神秘感。他招待客戶的時候，會先到高級餐廳認識服務生，然後把客戶帶去餐廳。到了餐廳以後，他會對服務生打招呼，並且將客戶介紹給服務生，讓客戶以為他是餐廳的常客，用這個方法來欺騙客戶。

這只是單純的「光環效果」，有些騙子會利用更複雜的手法。從鄉下來的客戶，騙子會親自開車去迎接，在辦公室鋪上地毯，沙發也是進口高級品，利用光環效果使客戶陶醉，就會把自己的錢全部交給對方。

接近老闆的位置

坐在老闆的身邊，有很多好處。

在約翰・莫瑞寫的《成功之路》一書中提到：

「坐在會議室的長桌中，最佳位置是距離門口最遠的一邊，其次是這個位置的右邊，再其次是這個位置的左邊。坐的時候，要把自己的椅子移開桌子，頭部稍低，這樣會給人強烈的印象。」

此外，老闆右邊的座位一般是能力比較強的人，這是作者經過仔細調查以後的結論。

為什麼會這樣？因為接近老闆可以分享老闆的光彩，而且心理距離比較近。這樣做，別人會認為你和老闆關係親密，這是老闆權威的波及效果。有心理學常識的人，在可以自由選擇座位的場合中，一定會坐在老闆的附近。這不只是要討老闆的歡心，還要讓別人有強烈的印象——我和老闆很親密！

而且，老闆到達會議室以後，會和距離最近的人交談。

說自己很忙

經常比預定時間早到的人，就會給別人遊手好閒的印象。

我的一個朋友，每次聚會都會遲到。他到達會場以後，就會拿起手帕擦汗，然後說：「窮人就是勞碌命。」一看起來是在道歉，但是實際上是在強調自己的忙碌。然而，我知道他根本不忙，但是不知道他是不是窮人。

我知道他的伎倆，所以會在心裡說：「又開始了！」但是初次見面的人會以為他真的很忙。相反的，經常比預定時間早到的人，就會給別人遊手好閒的印象。

在現代社會中，「忙碌」成為能力的象徵，工作繁重的大人物，經常都會遲到。但是問題是：真的可以依照到達的時間順序來判斷大人物或小人物嗎？這個假設無法成立，卻是人類固有的思考習慣，對忙碌的遲到者，總是多一分寬容。

所以，想要給別人有能力的印象，就要假裝自己很忙碌。和別人約定十點見面，就要十點五分到，讓對方以為自己是以「分鐘」作為時間單位。而且在見面的時候，告訴對方只有十五分鐘的說話時間，表示自己還有其他約會。

如果比預定時間早到，可以到附近咖啡廳消磨時間，遲到五分鐘以後，匆忙跑到預定地點，這樣會讓人覺得你是被公司器重的員工，也會對你產生好感。

道歉的藝術

要道歉的時候，就要真誠。

自己犯錯的時候，當然應該道歉，如果對方要求你道歉五次，但是你道歉一次，他會覺得「這是什麼態度」而生氣，雖然你已經表示歉意，但是對方仍然不願意接受。

然而，對方只期待五次道歉，但是你道歉五次以上，結果會如何？原本鞠躬四十五度，現在變成九十度，對方會覺得於心不忍，使應該受到的懲罰降低，並且還會產生「你很有良心」的好印象。

所以，要道歉的時候，就要真誠。注意看，老奸巨滑的政治人物，非常瞭解這個道理。

小承諾，大上當

人們之所以會上當，是因為「逐漸建立的關係」認為對方會誠實履行。

職業的騙子在欺騙之前，會先取得對方的信任，先用小額現金交易，一手交錢一手交貨，就可以取得對方的信任。等到下次交易的時候，對方會開出支票，商家因為對方總是如期付款，就會答應對方的條件。

大多數人會因為這種長期進攻戰略而受騙上當，所以說高明的騙子比一流演員的演技更逼真。

人們之所以會上當，是因為「逐漸建立的關係」認為對方會誠實履行。剛開始想要騙一百萬，就會先借一萬，再如期歸還，並且附上禮物，想要不上當也難！

不應該承認的，永遠不要承認

你要瞭解一件事情——人們會自己去找理由。

這是我從朋友那裡聽來的，他說：「男人當場被妻子發現外遇的時候，無論如何，也要假裝不知情。」

和女人從旅館出來的時候被發現，可以這麼說：

「我是去旅館找朋友。」

如果兩人在床上被發現的時候，可以這麼說：

「她忽然胃痛，所以要我壓她的腹部。」

反正怎麼說都沒有關係，只要從頭到尾矢口否認就對了。

但是，女人會相信嗎？當然不會。

但是你要知道一件事情，女人是一種非常奇怪的生物，潛意識有否認丈夫用情不專的心態存在，因此幾天以後會認為：「真的是胃痛嗎？」再過幾天就會認為：「或許是真的胃痛。」一個月以後，如果這段期間丈夫的表現很好，就會認為：「真的是胃痛，忘記這件事情吧！」等到一年之後，就會認為：「一定是胃痛。」

一定可以做到

如果你認為做不到，就一定做不到。

「精誠所至，金石為開。」但是以心理學的觀點來看，除了努力之外，最重要的是——必須認為自己「一定可以做到」，才可以真正達成願望。

一個認為自己長相醜陋的女人，表現出來的就是醜陋的；一個認為自己會落榜的學生，一定會名落孫山；委託一個認為會敗訴的律師，這場官司註定會失敗。

事情的成敗，與其說是在於「一個人的能力」高低，不如說是受到「一個人的信心」主宰。也就是說，如果剛開始的時候將某種情況視為必然，結果大多會成為事實；如果經常自我暗示會得到消極結果，由於這種詛咒的力量，最後導致失敗的可能性非常高。所以，為了得到積極良好的結果，先決條件就是要不斷告訴自己：「一定會成功！」

美國的心理學家雷克博士，曾經對少年問題進行研究。他以俄亥俄州某市的學生為對象，將其分為兩組，一組是被視為有問題的少年，另一組是被視為優秀的少年。經過多年的追蹤調查以後，發現這些少年都是依循別人認定的形象去發展。後者的行為沒有什麼問題，前者平均進入少年觀護所三次。雷克博士曾經與這組的少年面談，發現這些問題少年的心理上已經認為自己——「遲早會被警察逮捕」。

造成這種心態是因為他們在不知不覺中，不斷對自己灌輸這種想法，而且認為畢業簡直難如登天，甚至認為自己的行為都是父母造成的。

我希望各位讀者可以充滿自信地跟我念一遍——

我一定會成功……

第六話

很少有那麼聰明的人，可以只聽取有益的「責備」而捨棄不忠的「稱讚」。

——羅修夫柯（法國哲學家）

Read Me & You will Become Powerful

善用你的眼神

先離開視線的人——先輸。

有一句諺語說：「看著別人眼睛說話的人，一定不是壞人。」暫且不評論這句話到底是對還是錯，但是我們可以由此得知，人們已經認為說話的時候正視著對方，不僅是一種禮貌，而且可以加深別人對自己的印象。

可是，「看著別人的眼睛」不是要你一直凝視著對方，如果真的是這樣，恐怕你的眼睛會十分疲勞，而且還會被對方認為失禮。

第一次與人見面，談話三十秒鐘之後，就可以決定自己是否可以站在有利的立場。也就是說，四目相交之後，可以使對方視線移開的人，可能就是獲勝的一方。

在談話開始的時候，雙方的關係經常處於平等的地位，先將視線移開的人，心裡會比較在意對方，然後不斷想著：「他會不會看不起我？」「或許他會覺得我言語乏味。」從這一刻開始，無論他說什麼或是做什麼，心裡都會受到對方視線的影響。

美國的大學曾經以三個外向和內向卻彼此不認識的學生進行以下的實驗：首先，由這兩組學生中各選出一人，讓他們在一個房間裡，然後面對面坐下來。兩個人的中間，有一面高一公尺的黑色玻璃，彼此看不到對方的臉。接著，讓他們自由交談，過了一會兒，突然有人將黑色玻璃拉起，兩人四目相交，結果發現，先將視線移開的幾乎都是內向的學生。

假如你要與一個讓自己頭痛的人見面，不妨以這個方法測試自己的定力，藉此提升自己的信心。

有效的激勵方法

激勵也可以有更好的方法。

孩子成績退步的時候——「叫你用功讀書，你就是不聽，這是什麼成績啊？」——這會是你的反應嗎？

孩子害怕地把成績單拿給父母的時候，絕大多數的父母都會用這種情緒化的語句來責罵孩子。這些受到父母責罵的孩子，下個學期成績的表現，是否會如父母所要求的？事實上，這是不太可能的。

下次遇到這種情況，就裝作若無其事的樣子，讓孩子感覺你根本不在乎成績單上的數字。原本孩子以為你會責罵他，你的表現卻違背他的期待，他可能會被這種預期之外的行為感動，進而加倍努力用功。

這是一種人類的期待心理，換言之，人們在滿足期待之後，就會覺得安心，不會去更改過去的行為模式。如果這種期待落空，人們會因為「憤怒」或「興奮」而產生改變過去行為的心理。所以，孩子達到預期的理想成績，不妨依循他們期待的心理，好好鼓勵一番，這種方法可以使他們維持過去的行為模式，保持一定的成績表現。

反之，對於成績不理想的孩子，如果給予他們期待中的責罵，就會使他們感到安心，以為反正已經受到處罰，以後沒有好表現也沒有關係。因此在這種情況下，不妨違背他們的期待，使他們將非預期的憤怒或興奮，昇華為努力向上的動力。

暫停的功能

無法解決的問題，往往會強化你的記憶力。

我們在看自己喜歡看的書，經常會廢寢忘食，總是從頭到尾看完，才可以安心入睡。但是，以這樣的方法看完書以後，到了第二天早上，卻不記得整個故事的來龍去脈，因為某種原因而讀到一半的情況，反而可以清楚記住整個故事的內容。

或許你曾經有這樣的經驗：在考完試以後，對於迎刃而解的問題，很快就會忘記；對於無法解決的問題，卻久久難以釋懷。直到回家以後，才發現問題的癥結，感到非常沮喪。這是因為：無法解決問題的時候，會強化記憶力，在無意識中對這個問題念念不忘，因此想要增強記憶力，就要維持高度的緊張感。

把無法解決的問題暫時擱置，使緊張感得以持續的這種方法，也可以應用在會議上。例如：在會議上提出的問題，有些很快獲得共識，有些無法順利解決。遇到這種情況的時候，如果繼續討論下去，往往只是浪費時間。因此，最有效率的方法是——把這個問題暫時擱置，換下一個問題。

一般來說，會議的目的就是要解決問題，但是有許多問題無法在一時之間獲得結論，遇到這種情況的時候，參與者大多會有一種緊張感，把這個問題縈繞在腦海裡。這個時候，可以把這個問題暫時擱置，過一段時間再繼續討論。

在這段休息的時間裡，參與者可以冷靜下來，重新思考這個問題，等到會議開始的時候，就可以輕易地解決。也就是說，會議雖然呈現暫停狀態，但是參與者的腦海裡，這個難以解決的問題卻盤旋不去。

所以，如果遇到難以解決的問題或是百思不得其解，不妨試試這個方法，也許可以很快得到答案。

如何適當地給予報酬？

偶爾給予報酬比每次給予報酬，效果更好。

在心理學上，有一個「再強化時間表（Reinforcement Schedule）」，這是表示學習心理學上的一種現象，也就是對正確反應而給予的報酬，其次數越少，其行為越會持續下去。

所謂「強化」，是指強化這種行為的欲望因素。換言之，也就是給予任何形式的報酬。我們由實驗來證實這一點：首先準備兩個箱子，其中一個箱子只要推動拉桿，食物就會出現，這種情況稱為「完全強化」的箱子。另一種情況是「間歇強化」的箱子，也就是在推動拉桿的時候，偶爾才會出現食物。

然後，在兩個箱子裡各放一隻老鼠。老鼠發現推動拉桿會出現食物的時候，就會不斷持續這個動作。過了一段時間以後，老鼠推動拉桿的時候不再給予食物，久而久之，老鼠不會再推動拉桿，也不再存有出現食物的希望。偶爾才會出現食物的箱子裡的老鼠，會不斷嘗試推動拉桿，希望出現食物。由此可見，間歇強化的效果比完全強化的效果持續的時間更長。

這種結果也可以應用在人類的身上。「電動玩具」受到人們的喜愛，就是因為充分運用間歇強化的效果。如果每種電動玩具都讓人百發百中，玩膩了之後就不會有人想要玩。但是事實上，每種電動玩具都具備滿足人們這種間歇強化心理的條件。所以，打電動玩具的人，總是不斷地把硬幣丟進去。此外，這個原理也可以運用在人事管理或教導孩子上。

在教導孩子學習事物的時候，如果可以準備一些獎品（也就是報酬），效果更好。但是偶爾給予報酬比每次給予報酬，效果更好。

給有能力的人不重要的工作

注意！不要讓自己成為「心理退化現象」的犧牲者。

許多人偶爾會和朋友打麻將，麻將是一種有趣的娛樂，可以藉此瞭解日常生活中不容易察覺的一面。有一種剛開始就輸的人，會固執於自己的麻將打法，總是不知變通，結果輸得更慘。

從心理學的角度來說，這是一種「心理退化現象」，自己遇到挫折的時候，會有孩子般固執的傾向，進而導致更糟糕的結果。根據以孩子為對象的實驗，先測驗孩子的智商，再給他們比較困難的作業，然後罵他們：「這個也不會，笨死了！」以嚴厲斥責讓孩子沮喪氣餒，再讓他重做原來的智商測驗，結果會發現，智商會明顯地下降。

這是人們在氣餒的時候能力會降低的證據，有些公司的主管會利用這個弱點來打擊別人，藉以鞏固自己的地位。例如：對已經威脅到自己的員工給予他們不適合的工作，使其覺得：「我為什麼要做這麼卑微的工作？」工作失去熱忱的時候，本來能力很強的人，就會產生退化狀態，進而使能力降低。

有很多被主管責罵而遭受打擊的員工，就是被這些主管使用「心理退化現象」的犧牲者，而且這些主管會在無形中剝奪公司的活力。

反之，如果交付員工比其能力略高的工作，並且予以鼓勵和支持，明白表示「你一定做得到」，幹勁就會源源不絕地湧現。

責備的藝術

自己不必扮演壞人就可以使對方感到氣餒，不是更可以收到打擊的效果嗎？

在心理學上，有一個專有名詞——「暗示強化」。例如：將許多學生分成三組，然後給他們同樣的作業。在第一組中，只讚美其中一組；在第二組中，將其中一組痛斥一頓；對第三組什麼也不說。之後，在驗收成績的時候，第二組的成績會比較好。

自己被誇獎的時候，這是「正面強化」；同伴被誇獎的時候，等於自己間接被責罵，這是「負面強化」。同理，同伴被責罵的時候（負面強化），等於自己間接被誇獎（正面強化）。正強化者情緒高漲，負強化者垂頭喪氣，所以成績才會有如此差別。

如果討厭某人，可以利用負面強化的方法，使其精神受到打擊。在這個人的面前，拚命誇獎別人，使他覺得間接被貶，由於不是直接斥責他，所以他不會生氣。

假設現在有一個意氣風發的員工，這種類型的人雖然很有能力，但是經常與同事發生衝突。這個時候，主管不必直接斥責他，只要在他的面前不斷誇獎其他員工，這個員工就會覺得：「主管不賞識我」，囂張的氣焰就會收斂一些。

同樣的道理，面對一個沒有信心的員工，可以採用相反的方法，在他的面前責備其他員工，比對他說：「你要好好加油」更有效。

在對方面前誇獎別人，自己不必扮演壞人就可以使對方感到氣餒，不是更可以收到打擊的效果嗎？

用白色襯托出紅色

要強調自己年輕，身旁站一個老人會很有效。

日本的國旗為「太陽旗」，看起來十分鮮紅耀眼，其原因是因為它以白色為底，將紅色襯托得更明顯。所以，想要使紅色更明顯有兩種方法：一種是不管用什麼底色，中間就用紅色；另一種是選擇底色來襯托出紅色。

這種方法也可以運用在現代社會中，例如：將某人貼上「金權政治人物」標籤，徹底攻擊他的金權政治特質，就是屬於前者的方法。與這種方法相反的是強調自己的清白廉潔，以對比效果，襯托出對方的金權政治特質，就是屬於後者的方法。

將對方貼上紅色標籤以後，再強調自己的白色，效果更有效。例如：有很多貪贓枉法的人，要攻擊這些人的違法行為，不只要喧嚷對方的惡行，更要將自己貼上和對方顏色相反的標籤，使對方的紅色更明顯。

商標的效果是：擴大訴求，引人注意。所以，想要強調自己年輕，身旁站一個老人會很有效。

任何場合都可以運用這種對比方法，社會上也不乏這種現象。例如：被人們批評為奢侈的丈夫，他們的妻子似乎都是非常節省，因此才會襯托出先生的奢侈。

讓對方知難而退

想要拒絕談話，就不要接觸對方的視線。

我認識一個朋友，如果對彼此的談話不感興趣，就會拿起桌上的報紙來看。這個舉動表示：「即使單調的新聞，也比你說的話有趣……」一般人看到這種不友善的態度，往往都會打退堂鼓。因此，我瞭解他的習慣以後，故意忽略他的舉動，依然滔滔不絕地講下去，他只好丟下報紙再聽我說話。

如果不想聽別人說話，但是不好意思拒絕，只是禮貌性的應付，對方就會如魚得水般繼續說下去。此時，應該做出看錶或喝茶等不耐煩的動作。

臉皮比較薄的人看到這種動作，就會主動告退。有些人一定要把自己的話說完，就會故意裝作不知道。這個時候，只好拼命打哈欠或是上廁所，或是表示有事情想要打電話等明顯的拒絕態度。

這些方法和看報紙一樣沒有禮貌，為了使對方知難而退，可以採取另一種方法：不接觸對方的視線。因為雙方在談話的時候，如果眼神彼此相交，表示雙方地位平等。為了結束談話，可以移開自己的視線，對方心理會負面強化，信心開始動搖，心想：「對方不知道在想什麼？」如果再加上心不在焉的回答，更會讓對方意志消沉，逐漸說不出話，進而達到拒絕的目的。

反覆攻擊對方的缺點

集中一點來反覆誇獎，會使對方十分高興，即使本來持有戒心，也會因此鬆懈下來。

花花公子的技巧之一，就是他們會經常對女性說：「你的脖子很美」或是「你的眼睛很迷人」，集中一點來反覆誇獎，會使對方十分高興，即使本來持有戒心，也會因此鬆懈下來。這就是暗示說服法中「部分刺激」的應用，因為人們會對自己某個部分的誇獎而擴大解釋，彷彿別人是在讚美自己整個人。

「部分刺激」不僅可以打開對方的心扉，攻擊對方的時候也可以發揮效果。反覆攻擊某一點，方法雖然單調，也可以使對方的信心動搖。

在一次企業集團的股東會議中，我看到一個股東使用這種心理戰術。當時，會議依照一定程序進行，在即將結束的時候，那個股東突然站起來用宏亮的聲音說：「這樣重要的會議，董事長為什麼蹺著二郎腿？」董事長一聽大驚，立刻把腳放下來，這個股東仍然得理不饒人地說：「被別人指正以後才改變態度，還可以擔任董事長嗎？」

雖然這段插曲對股東會議沒有重大影響，但是帶給董事長和其他股東內心的動搖，也使員工對這個股東有深刻的印象，結果使他以後做事非常順利。

這件事情不能責怪董事長，他對股東的攻擊防備得很好，只是沒有注意坐姿，別人攻擊其不備之處的時候，他就會瞬間瓦解。尤其是知識份子，越是害怕受到這類的攻擊。

反過來說，不想被對方的攻擊屈服，就盡量討論重大問題。政治人物都會避免討論細節，總是以冠冕堂皇的方式進行討論，可以說是這類手法的最高明運用。

使威脅的效果加倍

情緒放鬆以後，再製造另一個高潮。

你看過「十三號星期五」這部電影嗎？看過這部電影的人都會告訴你：「這部電影最恐怖的是在影片結束的那一刻。」

在影片結束以前的五分鐘，凶手死了——那個變態的婦人，後來警察來了，記者也到了，女主角躺在小船上，整部影片呈現難得的平靜，突然……「傑克」從水裡冒出來。哇……所有觀眾大聲尖叫。可怕的尖叫是由於觀眾鬆了一口氣，忽然又接受突如其來的恐怖，使觀眾為之一震。

有一個警察說：「小偷潛入家裡的時候被你發現，先躲起來不要出聲，因為小偷此時可能會傷害人。等到他要踏出家門的時候，再大聲吆喝，他就會嚇一大跳。因為他偷得很順利，在鬆一口氣的時候，突然大叫，效果就會加倍。」

對方鬆一口氣的時候才使用令其顫慄的心理戰術，黑道的人物經常運用。他們不會持續威脅對方，在中途會和顏悅色地說：「我們可以商量！」對方放下戒心的時候，再繼續威脅對方。

所以，先鬆懈戒心再令其緊張，就可以增加威脅的效果。

利用對方的失誤

你可以讓他的「客氣」一直持續下去。

上班或約會遲到五分鐘，可能只要向對方道歉就可以解決。如果是在交涉事情的時候，就可以利用對方的失誤，使自己佔據優勢。

如果在對方遲到的時候，直接斥責他：「你怎麼了，我等了三十分鐘！」「約定時間卻不遵守，還要說什麼？」這個時候，對方會誠懇地道歉，遲到的事情就會雨過天晴。在交談的時候，遲到的人剛開始會覺得自己錯了，所以有客氣的態度，但是逐漸地，客氣的態度就會消失。

如果不提遲到的事情，在對方道歉以前先提出交涉主題，不要聽對方的解釋，以一笑來置之。這個時候，對方會覺得不安，談話主導權就可以操之在己。

人心是很奇妙的，自己的弱點或缺失，如果不被提出就會感到沒有面子，心裡會產生極度的不安，談話的時候也會心不在焉，而且會因為遲到而心虛，想要說的事情難以啟齒。所以要利用這種心理，在交涉的時候提早到，讓準時到的對方有「你等很久了」的錯覺。

在公司裡，員工提出書面報告，主管沒有當場評論，而是默默點頭或是微笑著收下。員工看到這種情形，就會覺得：「為什麼不說話？是不是有什麼問題？」所以面對犯錯者，不要明顯指出錯誤，讓他「自己想想」，會使他更不安。

疲勞會使判斷力降低

在身心俱疲的極限狀態下，就會變了一個人！

在會議剛開始的時候，參與者對每個提案源源不絕地提出意見，但是過了一段時間之後，參與者的表情越來越疲勞。本來意見分歧的會議，在「最後裁決」下匆匆結束，因為參與者輕易地贊成。

「讓嫌犯吃得好、睡得飽，請他抽菸，絕對不可能問出實情……」一個有經驗的刑警這樣說，「尤其是狡猾的嫌犯，要在舒適的物質環境下使其承認罪行，根本不可能。」

所以在偵訊的時候，這個刑警不准嫌犯抽菸，並且以長時間的詢問讓他感到疲勞，嫌犯到達異常疲勞的狀態以後，再以一支菸為餌，讓嫌犯說出自己的罪行。

人們在身心正常的時候，判斷能力比較好，比較可以控制情緒。如果身體感到疲勞，將會使精神受到影響，在身心俱疲的時候就會缺乏集中力，思考能力也會枯竭。

在頭腦運用不良的情況，會缺乏批評的精神，即使不合己意，也會表示贊成。所以，想要使交涉的事情順利成功，最好選擇傍晚時分或是對方疲勞的時候，讓對方無心思考。

利用對方身體疲勞的時候施加心理的壓力，會使對方的態度產生一百八十度的轉變，甚至還有幫對方洗腦的功能。許多公司在進行員工訓練的時候，經常會採用感受性的訓練，以某個方面來看，也具有洗腦的成分。幾個星期的團體訓練，在訓練地點與社會隔絕，並且利用睡眠時間來討論事項，讓所有員工陷入異常狀態。一般來說，在身心俱疲的極限狀態下，就會變了一個人！

各個擊破

想要對付一個團體，就要各個擊破。

亨利．方達曾經主演《十二怒漢》的電影，故事是十二個陪審員審判殺人嫌疑犯的過程。在這部電影中，只有一個陪審員——亨利．方達主張這個少年無罪，並且說服其他十一個人。

十一個陪審員主張少年有罪，如果從正面對應，反而會增加其反對意志，所以亨利．方達舉出有力的人證和物證，反駁這些陪審員。

他不是說：「你們怎麼想？」而是說：「你怎麼想？」陪審員之中，有些人就是認為有罪，有些人是附和別人的「騎牆派」，有些人是沉默者。亨利・方達將個人思想的差距，有耐性地予以各個擊破，最後使所有陪審員主張無罪。

在團體組織中，想要提出反對的意見，似乎是一件很困難的事情。團體是個體的集合，依靠「組織」，個體才可以獲得安全感。所以，想要對付一個團體，應該分別應付，依據每個人個性思想的差異，引發其真正的意念，再讓他們發現團體意志的差異，把這一點擴大，擾亂團體的步調。

所以，想要擾亂團體的步調，不要說：「你們的意見是什麼？」而是說：「你的意見是什麼？」

加一些缺點

坦誠一些缺點，會讓人有「誠實」的印象。

美國有一家租車公司，發表「老二宣言」的廣告。這家公司是租車公司行業的後起之秀，在同行中已經有許多業績很好的公司。

一般來說，所有的廣告都會宣稱：「自己是最好的」，但是這家公司沒有這樣做，而是說：「我們只是老二」，並且坦誠自己的缺點，然後說：「我們會盡量改進」。不久之後，這家公司的規模越來越大。

他們成功的因素是什麼？他們公布對自己公司不利的訊息，並且坦白承認，讓人有「誠實」的印象，在這個欺騙行為橫行的時代，彷彿注入一股清泉。事情都有好壞的一面，以客觀事實而言，不可能面面俱佳，所以如果提出缺點，反而會讓人們相信。例如：百貨公司拍賣有瑕疵的商品，只要不嚴重損害商品的品質，反而會讓人相信商品的確實性，人們就會爭相搶購。

同樣的道理，在人際關係中，如果只是讚美恭維，會讓人覺得沒有真實感，因此可以在介紹某人的時候說：「他有……缺點」，就會使被介紹的人具有真實性。

所以，我在寫推薦信的時候，也會把缺點一併記入，因為百分之百的優點會使可靠性降低。

「不確實」反而讓人感到「很確實」

「沒有經過證實」，容易讓人覺得「這相當確實」。

我曾經參加一個教育座談會，有一個女士發表意見，開頭第一句話是：「我不是專家」，然後說明學校和家庭對教育的重要性。她的發言中規中矩，卻可以抓住人心，可是她說的不是精闢獨特的見解，但是她產生的說服力，卻是她開頭的時候說的：「我不是專家」。

當天的出席者，有許多專家和學者，但是彼此對自己的意見不讓步，這個時候的「我不是專家」，反而有一種坦白而謙虛的感覺，讓人們容易接受。

不久之前，有一個引起軒然大波的新聞，一個政論家在公開場合說：「我的消息沒有經過證實……」然後，他暴露一些政治人物的重要新聞。雖然不是事實，但是給人們「可能會有」的印象。後來，這個政論家公開道歉，但是由於他曾經說沒有經過證實，所以免除官司。

在報章雜誌上，如果不寫明新聞來源，只說：「根據可靠消息」，反而沒有可靠性。相反的，如果說：「這可能是不太正確的消息」，坦白說出訊息不是百分之百正確，反而會讓人相信。

傳達消息的人，如果說：「沒有經過證實」，容易讓人覺得「這相當確實」，所以可以善用這個人性的弱點。

對比效果

利用「對比效果」，可以輕易使別人答應自己的條件。

在高速公路上，以時速一百公里行駛，不會覺得很快，但是如果以同樣的速度在一般公路上行駛，就會讓人心驚膽跳，這就是心理學上的「對比效果」現象。

在高速公路上，如果其他車子的速度是一百公里，你會覺得自己的速度普通，如果其他車子的速度是一百二十公里，你會覺得自己的速度就像蝸牛爬行。可是一般公路的車速只有五十至六十公里，自己的速度一百公里，感覺就像一百五十公里的時速，這些都是心理上「對比感覺」的效果。

「對比效果」在現代生活中經常被運用，刑警逼問嫌犯的時候會說：「你現在承認，刑責會減輕，你如果否認，刑責會加重。」「承認則罪輕」（事實）和「否認則罪重」（未來），兩者對比，嫌犯因為擔心刑責會加重，就會承認罪行，以減輕刑責。

所以，把兩者讓對方選擇的時候，故意加重其中一項的苛刻條件，使他覺得與前者嚴重的條件比較之下，不如答應後者的條件。

例如：公司的業績總是在五十萬上下，如果想要讓員工在一個星期內增加業績到一百萬，在開始的時候就要將標準提高到一百五十萬。此時，員工會覺得一百五十萬實在很困難，然後再把標準調到一百萬，員工就會認為這個標準容易達成。

使對方沒有反抗能力

讓別人覺得欠你一份人情，他就會想要找機會償還，希望藉此平衡人際關係。

前幾天，有一個推銷員來推銷現在最熱門的小型電腦，事後我發現他應對的話相當高明，其關鍵就是在於「謝謝你」三個字。這樣普通的一句話，會使你在不知不覺中降低自己的敵意，然後在心理上做出大幅度的讓步。

當天的對話是這樣的：

「先生，你對現在的電腦很瞭解吧！」

「知道一些。」

「謝謝你……怎麼樣，要不要買一台試試？」

「我覺得沒有必要。」

「謝謝你……」

就是這樣的情形，不管我回答什麼，他都會說謝謝。有時候，我否定拒絕：「我現在不需要電腦」，他還是說：「謝謝你」，讓我覺得莫名其妙。後來我說：「你一直謝謝我，實在是……」我們都笑了，但是我確實失去抵抗力，對小型電腦也產生興趣。

即使對方否定，他還是說謝謝──「你願意聽我說話，我十分感謝」，讓人覺得欠他一份人情，就會想要找機會償還，希望藉此平衡人際關係。

產生人情債的原因有很多，並非只限於「謝謝你」三個字。星期日西裝筆挺地登門拜訪，但是因為打擾對方休息，讓人覺得有欠債的感覺；在交涉的時候，對方比較早到；面對賣菜的小販，我們覺得他們很辛苦，會跟他們買東西，以減輕他們的負擔。以上這些，都是這種心理作用產生的結果。

利用不相關的第三者傳達

藉由第三者來傳達，反而容易使人相信。

朋友的兒子最近成績突飛猛進，一方面是他潛力的發揮，另一方面是發生一段故事。

前一陣子，他的叔叔到他家與他的父親聊天，然後提到他的事情。父親對叔叔說：「我的兒子現在成績很差，可是他的資質不錯……只要他努力，一定會進步！」

第二天，叔叔帶著姪子去釣魚，把昨天聽到的話告訴他：「你是一個好孩子，你的父親說你很聰明，只要努力，一定會成功！」孩子聽了十分高興，從此改變學習態度，改正懶散怠惰的習慣。

由於叔叔和他們是屬於沒有直接關係的第三者，所以他說的話比較具有真實性。如果是父親直接對兒子說這些話，兒子會認為：「又要我用功讀書，真是討厭！」反而會產生反面效果。

由於各種消息的來源十分複雜，因此藉由第三者來傳達，反而容易使人相信。大規模的宣傳活動，都希望獲得認同，以產生巨大的宣傳力量，所以應該從許多方面著手。一般來說，書籍評價和口傳口的宣傳，由客觀的第三者來評價的效果很大。

最瞭解這種心理的是情場騙子，以下是一個真實故事：騙子先帶一個外國人到咖啡廳，對服務生說：「他是阿拉伯王子的朋友！」日後，再把想要交往的女孩帶來，自己卻藉故離開，女孩覺得不安而問服務生：「他是誰？」服務生回答：「好像是王子的朋友。」相信第三者的消息，這個女孩就會上當。

「分鐘」比「小時」好用

心理的除法或是換算法，會讓人們產生錯覺。

這是二十年以前的事情：一個出版社的編輯請我寫書，我只有寫過雜誌專題，從來沒有寫過書，所以沒有答應，但是這個編輯充滿信心地說：「這個主題很好，立刻開始動筆，三百張原稿，一天寫五張就可以。」聽到這句話，我覺得很輕鬆，兩個月以後，果然如期交稿。

我在為雜誌社寫稿的時候，經常在截稿以前，以十張二十張的速度寫稿，所以覺得一天五張是很輕鬆的事情，後來發現事情不如預料中輕鬆，但是既然答應了也無法拒絕。沒想到，自己是心理專家，卻被人擺布。

這是一種「心理除法」的心理戰術，應用的範圍相當廣泛，例如：分期付款一萬元，一天只有二十五元利息，用這種方法來吸引客戶。但是以年利率來計算，這是百分之九十以上的高利貸，可是客戶不會輕易發現，以為這種方式很容易可以償還。如今，為巨額的分期付款而受到折磨的人不知道有多少？

和數字有關的心理操作實例，除了「心理除法」以外，還有「心理換算法」。例如：從新竹坐火車到台北要一個小時，但是房地產廣告有其他的算法。如果是「一個小時」，會讓人覺得時間漫長，但是如果改成「六十分鐘」，生活步調會在無形中縮短。心理的除法或是換算法，不是故意要騙人，而是更勝一籌的高明手法。

開會的藝術

會議本來就是一種形式。

朋友向我訴苦：「公司會議經常流於形式，我說：『請踴躍發言』、『說出自己的意見』，還是沒有人願意發表意見。」

我立刻問他，關於會議進行的方法、時間、場所等問題。果然不出我所料：在豪華會議室中，有鋪著潔白桌巾的桌子，參與者坐在鬆軟沙發上，座位排列順序依照職位指定，主席以嚴肅面孔進來，坐下以後，乾咳一聲，開始說第一句話……

這樣的情形，無論是多麼直爽的人，也不可能說出自己的意見，因為嚴肅的氣氛會限制人們的思想，這是眾所皆知的事實。在路邊攤和高級餐廳中，喝同樣的酒，味道也會不同，就是這種道理。

我建議這個朋友，想要消除嚴肅的形式主義，有以下的方法：所有員工不分職位高低，圍坐在圓桌旁，桌上不用鋪桌巾，飲料用自動販賣機的紙杯……不久之後，這個朋友告訴我：「謝謝你，終於有開會的感覺！」

會議經常會受到會場氣氛的影響，反過來說，想要讓會議依照自己的想法進行，就要注重形式、發揮權威、營造嚴肅氣氛、掌握主導權、不讓參與者自由發言，就可以強迫對方贊成自己的想法。

提供兩個選擇給對方

給對方兩個選擇，使對方無法拒絕。

每次逛百貨公司的時候，如果遇見能言善道的售貨員，就會不由自主地買下一些不必要的東西，回家以後非常後悔。

本來只想看今年流行的領帶樣式，售貨員卻親切地問我：「先生，你正在找搭配西裝的領帶嗎？」他沒有等我回答，直接問我：「要買紅色或是藍色」，在這種氣氛下，就變成不得不買了。

說服對方的前提是——先讓對方承認想要購買的欲望，然後再問他：「要買紅色或是藍色？」但是這個售貨員卻在開始的時候要求我在第二前提中做出選擇，讓我產生已經承認第一前提的錯覺，這就是抓住人性的弱點。

拜訪朋友的時候，如果朋友問你：「要喝茶還是喝咖啡？」就是要你在兩者之中做出選擇，但是喝飲料並無大礙，亂買東西就會造成浪費。例如：推銷參考書的推銷員對家長說：「聯考快到了，你的孩子是數學不好還是英文不好？」此時，家長會以為參考書非買不可，就會回答：「他的英文不好」，最後買下沒有用的參考書。

每個人都是這樣做

人類具有希望和別人一樣、不希望與眾不同的「同調心理」。

流行襲捲市場的時候，如果有女孩不穿迷你裙好像就不算女孩，但是流行一過，還有誰會穿迷你裙？由此我們可以得知——人類具有希望和別人一樣、不希望與眾不同的「同調心理」。所以，對於不願意合作的人，可以用「同調心理」讓他合作。例如：每個人都在做事，沒有做事的人會感到不安，最後讓自己和眾人一樣，一起做事。

前幾天，我去便利商店購買悠遊卡，店員請我填寫姓名和地址，我認為沒有必要，正在猶豫不決的時候，他說：「如果遺失，有人可以幫你尋找，而且每個人都是這樣做。」

不久之後，同樣的情形發生在我的妻子身上：她向郵購公司購買一件物品，公司打電話給她，需要提供我的姓名。但是這種郵購方式，以現金付清就可以完成交易，根本不必提供我的姓名，但是公司說：「為了建立完整的客戶資料」，最後加上一句：「其他客戶都是這樣和我們合作。」

想要讓對方合作，「每個人都是這樣做」是一個有效的方法。孤獨會使孩子感到不安，所以「隔壁的小明也在做」可以刺激孩子的行動。在成人世界中，雖然可以壓抑孤獨感，想要獨樹一格，又害怕標新立異，所以才會上當，這就是人性的弱點。

如何避免怯場？

藉由重覆適度的肌肉運動，可以緩和神經的緊張狀態。

在我家客廳的電話旁邊，會放著一本空白的便條紙，本來是用作備忘之用，但是大多數時候，都是用來隨便塗鴉。為什麼會特別準備這些白紙來塗鴉？因為我發現，在電話中和對方聊天的時候，如果無意識中在紙上隨意畫一些圖形或線條，可以增加談話的內容。

這一點並無任何奇妙之處，因為在潛意識中運用心理的構造，正是人類的本能。人們陷入神經緊張的時候，可以藉由身體的單純活動來緩和緊張的狀態。我們經常可以看到一些緊張的時候就會抖動雙腿的人，這種現象就是一種微妙的心理作用。

從生理學來看，身體各個部位與精神或思考活動沒有直接關係，但是藉由重覆適度的肌肉運動，可以緩和神經的緊張狀態，使自己逐漸恢復鎮定，這一點是眾所周知的。

這種心理和生理相互影響的構造，可以運用在非常廣泛的範圍。例如：我們經常在電影中看到演員的手中握著兩個堅硬的鐵球，然後不停地轉動，這種行為也符合上述的原理。有些人說，這種運動可以預防中風，其實這是利用適度的手部運動，使精神容易緊張的人緩和下來。

在此，我要利用這個原理，提供一個防止怯場的有效方法。如果你有上台演講的機會，可以把打火機拿在手中，然後在說話的時候，不停地轉動打火機。如此一來，就可以防止怯場。

如何克服自卑？

不是你長得太矮，而是別人長得太高。

有一次，我到法國旅行的時候，朋友在某個場合向我介紹一個身材矮小的美國朋友，他使用「He is a little Napoleon」（他是一個小拿破崙）的介紹詞。這句話是對身材不高但是創造優異成就者的最佳評語。其實，這句話也可以說明身高對一個人人格發展的重要性。

美國匹茲堡大學曾經針對一百多個畢業生，調查其身高與薪水的相關性。調查結果顯示：六呎以下的畢業生，週薪平均為七百美元；六呎的畢業生，週薪平均為七百一十五美元；六呎一吋的畢業生，週薪平均為七百一十二美元。六呎一吋的畢業生的所得，比六呎以下的畢業生的所得高出十二．四％。這個數據顯示，身高的差別似乎與成就有很大的關係。

根據美國社會學家費特曼的研究，身高差別的優劣，似乎也表現在美國總統選舉的結果上。他曾經計算自從一九〇〇年以來，每一屆總統選舉候選人身高的差別。也許是巧合，但是結果顯示，身材比較高的人最後都會獲勝。根據他的調查，一九六八年的尼克森與韓福瑞兩雄相爭的結果，尼克森之所以獲勝，是因為他的身高是六呎，韓福瑞只有五呎十一吋。換言之，獲勝的關鍵，就在這一吋。

我們要如何克服身體上的缺憾，在心理上建立優越的地位？之前介紹的「小拿破崙」先生曾經對我說：「我和別人初次見面的時候，絕對不會把視線停留在高於我的眼睛以上的事物，然後用雙倍的力量和對方握手，這就是我克服身體缺憾的方法。」

有一個故事，或許可以作為這句話的註腳。從前，有一個乞丐對跛腳的女兒說：

「女兒啊！其實不是因為你的右腳太短，而是因為你的左腳太長。」

這句話中，隱含多少意味深長的哲理啊！

如何加深別人對自己的印象？

讓一元的硬幣看起來像十元一樣。

我有一個編輯的朋友，非常受到總編輯的賞識，他不是能力特別強的人，但是他提出的每個構想，總編輯幾乎都會給予肯定。我曾經觀察這個朋友為什麼可以獲得總編輯的青睞，最後我發現關鍵所在。

他提出一個構想的時候，就會說：「這種做法，是現在歐洲國家最流行的。」這個總編輯非常關心歐洲國家的雜誌動態，就是因為這句話，使得他提出的構想可以深刻地留在總編輯的腦海裡。

可是沒有人知道他提出的構想是不是歐洲國家正在流行的做法，但是可以確定的是，他提出的構想幾乎無往不利，他採取的做法也是推銷員在推銷產品的時候經常使用的技巧。

我們對於自己看到的事物，會直接將其形狀記憶下來，但是在不知不覺中，會對某些特定事物留下深刻印象。例如：報紙登出汽車廣告的時候，有些人會特別留意關於汽車性能介紹的文字，有些人會欣賞汽車的外型，並且研究這種外型是否會成為另一個設計的主流。

人們對於不適合自己的事物，經常會採取不認同的態度，心理學上將這種態度稱為「感官上的防禦」。相反的，人們會認同適合自己的事物，推銷和電視廣告就是利用這種感官的改變和選擇，以誇張的手法，讓消費者記住自己訴求的重點。

有一個心理學家，曾經做過以下的實驗：

讓一些來自各個階層的孩子觀看各種金額不同的硬幣，然後比較孩子眼中大小與實際大小的差別。結論是：孩子眼中所看到的硬幣，往往與實際上不盡相同，尤其是貧困家庭的孩子，傾向比實際大小更大，因為貧困家庭的孩子對金錢的欲望比較大。

所以，雖然是同一個硬幣，但是在不同的人看來，卻有不同價值的印象。因此，想要讓對方留下深刻印象，就要針對對方的欲望下手。有時候，甚至可以使用一些伎倆，讓一元的硬幣看起來像十元一樣。

使其激動，而致自滅

別人對自己冷嘲熱諷的時候，最好充耳不聞，否則就會自毀立場。

人們遭遇挫折的時候，情緒會變得非常激動，有時候甚至會失去理智而喪失應對的能力。理智和感情就像蹺蹺板的兩邊，一邊高一邊就會低。有一個記者在訪問政府官員的時候，故意讓對方發怒，對方本來計畫好的談話內容，在憤怒的情況下會忘記自己的計畫，在無意中吐出真言，很多消息和情報都是以此得來。

打麻將的時候，也可以採用這種方法。對方運氣不好的時候，可以嘲笑他：「和你玩牌，我也跟著倒楣。」即使只是一場牌局，對方也會覺得內心受傷而情緒激動，輸贏就會在此分出高下。

別人對自己冷嘲熱諷的時候，最好充耳不聞，否則就會自毀立場，讓別人平白得利。

第一次見面的說話方式

第一次見面的時候，從「他的家人」和「興趣」開始聊起。

由於工作的關係，我必須經常面對各種不同的人，如果對方因為緊張而不知所云的時候，我會把話題轉到他的家人和興趣上。但是，有些人只要以誠懇的態度和他交談，就會很容易地說出自己的真心話。

許多人每天處於緊張的狀態中，只要和他們隨意談論日常生活的瑣事，就可以使他們的心情放鬆下來。雖然每個人的工作性質不同，但是對於家人和興趣方面的話題，總是樂此不疲。因此，類似這樣的話題，可以解除初次見面者的警戒，使他們有一見如故的感覺。

最令我印象深刻的是：我在美國的時候，曾經收到一家寵物食品店推銷員的名片，至今回想起來，景象還是十分鮮明。

在他的名片上方，印著一隻牧羊犬的照片，牠是這個推銷員飼養的狗，他也是一個非常喜歡狗的人。

名片的下方寫著：興趣／籃球，子女／兒子（約翰）、女兒（瑪莉），專長／搬運磚塊、跑步……總之，名片上寫的都是關於個人的瑣事，但是沒有寫出公司名稱。

與其說這是一張名片，不如說這是作為與對方談心的開始。

其實，這也可以說是一種成功的自我介紹方式。

此外，還有一位先生，他在某個演講上擔任司儀的工作。在演講者開始之前，他會說這幾句話：「今天來演講的這位先生，有兩個眼珠顏色不同的女兒，一個是黑色，一個是藍色，這位先生非常愛他的女兒……第二次世界大戰的時候，這位先生在歐洲戰場上擔任飛行員，每天的任務就是看著天空……」為了讓對方盡快地接受自己，最重要的是：讓對方感受到自己的親切，這就是最好的方法。

肢體語言的內涵

即使不靠嘴巴，也可以藉由動作將意念傳達給對方。

我的朋友有一個女兒，每次害羞的時候，就會不自覺地咬手指。有一次，我不經意地問她成績最差的科目，她立刻低下頭，開始咬著手指。但是，只要她的母親在旁邊，就不會出現這種情形。

我看到這個孩子有這種舉動的時候，就會看她的母親，她就會立刻停止。其實，她的母親沒有責備她，也沒有表現出憤怒的樣子。於是，我進一步觀察，發現孩子把手指伸入口中的時候，她的母親就會立刻眨眼睛，我把這個發現告訴這位母親，但是她表示毫不知情。事實上，孩子已經把母親的這種動作當作「停止」的訊號——這就是一種「肢體語言」，也就是母親在無意識中，對孩子施加壓力而產生的結果。其實，不只是眼睛，只要是有意識的行為，就可以在靜默中，將訊息傳達給對方。

肢體語言是研究非語言交流而衍生出來的學術，美國史丹佛大學人類學系教授威斯特博士是這門學術的先驅，他認為藉由肢體語言可以彌補文字之不足，並且認為即使不靠嘴巴也可以藉由動作將意念傳達給對方。

威斯特博士舉出的例子中曾經提及：「男性腹部的收縮與膨脹」，內容說明男性在試圖說服對方的時候，會收縮腹部的肌肉，但是對方如果不認同自己意見的時候，就會鬆弛肌肉使腹部突出。這個動作就是男性無法完全用語言表達的時候，所使用的肢體語言。

每個人或多或少都會在無意識中運用肢體語言，例如：有些人不認同對方的說法，就會不停地晃動雙腳。這似乎是一種習慣動作，其實是他們用來表達自己不同意的暗示。因此，與他們交談的人應該要有自知之明：對方已經開始不耐煩。

所以，我們可以觀察經常與自己交談的人的習慣動作，以及什麼情況下會有什麼動作。如此一來，就可以更清楚地瞭解他們的想法。

表達意見的技巧

最後說話的人，其所說的話往往會成為會議結論。

在會議上，所有人針對主題發表意見，但是有一個人始終不說話，只是不停地記錄。會議即將結束的時候，主席催促這個保持沉默的人提出自己的意見。於是，這個人用自己剛才的記錄，綜合別人的意見以後，再加上自己的看法，做出一個精采的結論。最後，他的意見被會議採納，成為會議的結論。

心理學家曾經做過一個有趣的實驗，實驗的內容是以真實的案件作為題材，然後進行模擬判決，以這種方式來觀察陪審員的判決是否會受到最後一次證言的影響。實驗中，辯護律師和檢察官各自擁有六次的發言機會，而且每次發言的時間大致相同。第一次的做法，是讓檢察官先提出兩個證據，再由辯護律師提出兩個反證，然後一直進行到最後；第二次的做法是先後次序對調。實驗結果竟然發現：陪審員大多傾向於相信最後一次證言的訴求，進而影響其判決。

上述的例子，就是心理學上的「新近效果」。換言之，就是：一個人連續獲得各種不同訊息的時候，最後的訊息最會影響其思想。我們從之前的例子也可以看出，雖然眾說紛紜，但是最後提出意見的人卻完全控制會議的結果。

因此，只要善於利用這種效果，就可以讓自己的意見受到認同。我們可以得到一個結論：想要在某個會議或是某個場合中，使自己的意見獲得多數人的贊同，不需要高談闊論，只要冷靜觀察，並且在適當的時機提出自己的見解，就可以達成目的。

俗語說：「沉默是金」，這句話不是要我們當啞巴，而是要我們在適當的時機說有用的話。

如何說服對方？

雙方之間距離的遠近，和說服的效果有很大的關係。

前幾天，我遇見某公司的一個主管。在談話中，他透露以下的說服方法：在公司中，他最敬畏的人就是總經理。他到總經理辦公室的時候，總是選擇門邊的座位，藉以保持和總經理之間的距離，然後再說明來意。這個時候，總經理會說：「你坐在那裡，不會覺得太遠嗎？」但是他知道，如果坐到總經理旁邊的座位，可能會產生反效果。換言之，他成功說服的秘訣就是拒絕對方的好意，自始至終與對方保持距離。

心理學研究發現，雙方之間距離的遠近，和說服的效果有很大的關係。一般人認為，適當的距離最具有說服效果，雙方距離太近的時候，對方會產生受到侵犯的危機感，進而採取防禦心理。反之，如果雙方距離太遠，無法使彼此之間產生親密的感覺。

距離要多遠，才是最適合的距離？有一個實驗，讓說服者與被說服者同處一室，並且將他們之間的距離定為五十公分、一百五十公分、四百五十公分，然後進行觀察。結果發現，距離四百五十公分的說服效果最好。有些人認為，這是因為距離越大的時候，被說服者越會注意到說服者，比較不在意說服的內容。

彼此之間有一段距離，被說服者可以更清晰地觀察對方。另一種說法認為，有距離之後，雙方比較不會產生壓迫感，可以讓對方錯誤地認為，他提出的論點符合自己的想法。此外，由於距離的關係，彼此聽到的音量比較低，對於說服效果也有幫助。

出價，自己做決定

「價錢的主導權」不要輕易地交出去。

許多人在國外買東西的時候，經常會有吃虧上當的情況，這並非是自尊心強，也不是語言能力不足，而是以下這種情形：

有一次，我想要送禮物給朋友，在一家禮品店，看中一個十分精緻的菸盒，但是上面沒有價錢，我問老闆多少錢？後來回想，發現這是失敗的原因。老闆說：「美金兩百元」，我回答：「太貴了」，老闆反問：「你想要多少錢的？」我無法回答，老闆拿出幾個菸盒說：「這種比較便宜」，但是比原先那個菸盒遜色許多，最後我們以一百八十元成交。根據我事後的檢討，把決定價錢的主導權交給對方是失敗的原因。

如果我先說：「如果菸盒五十元，我就會買下」，假設老闆說：「不可能」，我會加到一百元。但是如果讓老闆先說出價錢，就會變成既定事實。買東西是小事，想要抓住人心的微妙，就是非常高深的學問。

給他一個「名義」的框架

掛上一個崇高的目標以後，即使是讓別人去做無聊的事情，他也會樂於去做。

馬基維利曾經說：「人類是被欲望支配的動物，和其他動物的不同之處在於——人類有『正義的假面具』。」

確實如此，只要有名義作為藉口，人們就可以安心地依照欲望來行動，平常不敢做的事情，此時也會放手去做！

例如：在戰場上作戰的士兵，平常會無情地殺人嗎？答案當然是否定的，但是因為有「為國家作戰」的名義，善良的士兵就會奮勇殺敵。

最近，有許多女性接到一些電話，對方為了「調查年輕女性的行為與想法」，即使是涉世未深的女性，也會問一些不堪入耳的話。為什麼有這種心態？主要是因為在電話中看不到對方，再加上「協助調查」的名義，於是原有的羞恥心被拋諸腦後。

不久之前，在建築業爆發官商勾結貪汙案。雖然報章雜誌嚴厲批評，但是仔細思考，這些人不知道貪汙是犯罪行為嗎？但是在「為了公司」的名義下，尤其是對公司有強烈意識的員工，更會集體犯罪。

當然，想要使人奮發向上，這種心理技巧非常有效。掛上一個崇高的目標以後，即使是讓別人去做無聊的事情，他也會樂於去做。

讓對方說出真心話

涉及「自己的立場」的時候，會讓人不自覺地說出真心話。

丈夫退休的時候，離婚的比例就會增加，而且幾乎都是妻子主動要求。糟糠之妻的背叛，經常使丈夫十分意外，而且這種情況不是「最近才想的」。

大致說來，這種人對身邊的人不重視，等到對方無法忍受而背叛的時候才恍然大悟。與其說對方狠心，不如說自己無能。人類是帶著假面具而存在，「人格、品格、性格」與「假面具」相關，雖然無意騙人，卻有不願意讓人知道真實自己的矛盾心理。

越有能力的人，越可以讓對方說出真心話，知道對方的心理以後，才可以掌握主導權，如果用逼迫的手段，對方反而會更加隱瞞。

要引出對方真心話的方法是——深層接觸，給予對方同情與關懷。例如：對不想說出心理問題的病人說：「如果我是你，也會做出同樣的事情」或是「我瞭解你的立場」。如此一來，對方就會坦誠相待，消除戒心以後，就會說出自己的真心話。

在問卷調查中，因為提問方式不同，答案也會完全不同。例如，問題是：「女性主管增加的趨勢，是一種可喜的現象嗎？」贊成者百分之六十，反對者百分之三十，贊成者佔多數。如果問題是：「你是否願意在女性主管的手下工作？」贊成者百分之二十六，反對者百分之六十，因為這個問題涉及「自己的立場」，可以引出真心話。

結語——你曾經被騙嗎？

騙子在某種程度上，可以稱得上是人類最偉大的心理學家。

「我被騙了」這種令人不愉快的體驗，大多數人都可能經歷過。原本以為佔到便宜而沾沾自喜，結果卻發現竟然買貴了；聽信主管的安排，接受額外的工作，結果必須承擔失敗的責任；原本以為某人是一個富翁，但是事實上他是一個到處欠錢的小人……諸如此類的事情，事後回想起來，真是有些可笑。

■　■　■

騙子在某種程度上，可以稱得上是人類最偉大的心理學家。因為他們非常瞭解人類心理的弱點，所以可以輕易地突破這層障礙。

騙子絕對不會只說好聽話，因為人們如果聽到太多讚美，反而會產生戒心，因此這些心理學家經常使用的詭計是：在談話中，混雜一些反面效果的言論。

這怎麼說？我有一個長輩，為了讓自己的兒子讀大學，不惜走後門。這個騙子為了取得別人對自己的信任，使用許多方法，最後的方法是——「以我的能力，A大學絕對不可能，但是B大學應該沒有問題」，只憑這句話，這個長輩就完全信任對方。

這個詭計的重點就在——「A大學絕對不可能。」一般人都會想要隱瞞對自己不利的事情，如果在這種心理背景下暴露自己不利的事情，很容易使人們產生誠實的印象，進而會相信這個人，最後受騙上當。

這類的詭計，在我們生活中經常被運用。記者在評論人物的時候，不僅要加以讚美，稍微的誠實也是秘訣之一。如果都是「忠厚」和「誠實」，會讓讀者覺得都是謊話，其中夾雜一些缺點，讀者的腦海中就會浮現人性化的景象，因此對讀者產生說服力。

■ ■ ■

心理學有一個重點——「態度的轉變」。簡單地說，就是改變人們的想法，使人們產生和以前不同的情緒反應。所謂的「欺騙」，就是「態度的轉變」最巧妙的例子。

很久以前，我就對「欺騙」這件事情很敏感，因為我曾經有幾次受騙上當的經驗。原本以為買了便宜的東西，卻發現被騙了，甚至以為對方是好人而輕易相信他。

我相信並非只有我有這樣的經驗，人們有自己不容易克服的心理弱點。再怎麼小心的人也無法倖免？如果有人說自己從未被騙過，可能是因為自己被騙而不自覺吧！

如果被騙了而不自覺，繼續上當，或許也是一種幸福！所以，對誤信便宜貨為高級品的人據實以告，或許是一種傷害。因為在他相信這個謊言的期間，對這個東西已經十分滿足，如果知道事實真相，這種滿足感就會立刻消失。

這種利用人性弱點並且欺騙別人的方法有很多，例如：上述提到的「一些事實」之外，其中人們最容易上當的一點，可能就是「因為是你」這句話吧？因為無論任何人，都希望自己可以成為周圍目光的焦點，「顧客至上」這句話，就是巧妙地滿足人性這種需求。不只是「因為是你」，例如「就是你」、「為了你」也是同樣的情形。事實上，人們對於奉承自己的話往往不加以提防，這也可以說是人類最大的弱點。

不只是騙子會利用這種人類心理，商業廣告上也經常使用這種手法。例如：高級車限制生產數量，一種車型最多生產幾百輛。這當然不是欺騙消費者，但是可以使人們特地去追求這種稀有價值，進而購買這款車種。也就是說——「只有你才有這種車子」，運用這種「只有你」的心理，這個戰略就可以達到效果。

■　■　■

現代的社會，真是越來越複雜，欺騙群眾的手段也更發達。在這樣高度資訊化的社會中，在某種程度上，人們越來越不容易受騙。因為騙人必須隱瞞事實，隱瞞事實卻越來越難。例如：以清純玉女的形象打出知名度，在從前是很簡單的事情，但是在今天只要有任何醜聞的消息，就會立刻被報導出來，所謂清純的形象也會很快破滅。

相反的，因為這是一個資訊化社會，因此騙人的手段越來越高明，更不容易被識破，所以我寫了這本書。

或許有一天，你也會陷入被騙的危險，如果這本書可以對識破這類陷阱有所幫助，就是本書之榮幸。

成功講座 362

我就是要教你詐

海鴿文化出版圖書有限公司
Seadove Publishing Company Ltd.

作者　陳意平
美術構成　騾賴耙工作室
封面設計　斐類設計工作室
發行人　羅清維
企劃執行　張緯倫、林義傑
責任行政　陳淑貞

出版　海鴿文化出版圖書有限公司
出版登記　行政院新聞局局版北市業字第780號
發行部　台北市信義區林口街54-4號1樓
電話　02-27273008
傳真　02-27270603
e - mail　seadove.book@msa.hinet.net

總經銷　創智文化有限公司
住址　新北市土城區忠承路89號6樓
電話　02-22683489
傳真　02-22696560
網址　www.booknews.com.tw

香港總經銷　和平圖書有限公司
住址　香港柴灣嘉業街12號百樂門大廈17樓
電話　（852）2804-6687
傳真　（852）2804-6409

出版日期　2020年07月01日　二版一刷
定價　320元
郵政劃撥　18989626　戶名：海鴿文化出版圖書有限公司

國家圖書館出版品預行編目（CIP）資料

我就是要教你詐 ／ 陳意平作.
-- 二版. -- 臺北市 ： 海鴿文化，2020.07
面 ； 公分. --（成功講座；362）
ISBN 978-986-392-318-3（平裝）

1. 應用心理學

177　　109008197

Seadove

Seadove

Seadove